LES

RESSUSCITÉS

CALMANN LÉVY, ÉDITEUR

OUVRAGES

DE

CHARLES MONSELET

Format grand in-18

LES AMOURS DU TEMPS PASSÉ . . . . 1 vol
LES ANNÉES DE GAIETÉ (2e *édition*) . . . . 1 —
L'ARGENT MAUDIT (3e *édition*) . . . . 1 —
LES FEMMES QUI FONT DES SCÈNES . . . . 1 —
LA FIN DE L'ORGIE . . . . 1 —
LA FRANC-MAÇONNERIE DES FEMMES . . . . 1 —
FRANÇOIS SOLEIL . . . . 1 —
M. DE CUPIDON. . . . . 1 —
M. LE DUC S'AMUSE . . . . 1 —
LES MYSTÈRES DU BOULEVARD DES INVALIDES. . . . 1 —
LES ORIGINAUX DU SIÈCLE DERNIER . . . . 1 —
LES RESSUSCITÉS. . . . . 1 —
SCÈNES DE LA VIE CRUELLE . . . . 1 —
LES SOULIERS DE STERNE. . . . . 1 —

Imprimerie D. Bardin, à Saint-Germain.

LES

RESSUSCITÉS

PAR

CHARLES MONSELET

M. DE JOUY
CHATEAUBRIAND - MADAME RECAMIER
GUIZOT - JULES JANIN
FREDERIC SOULIÉ - HENRY MURGER - GÉRARD DE NERVAL
LASSAILLY - JEAN JOURNET
ÉDOUARD OURLIAC

PARIS
CALMANN LÉVY, ÉDITEUR
RUE AUBER, 3, PLACE DE L'OPÉRA

LIBRAIRIE NOUVELLE
BOULEVARD DES ITALIENS, 15, AU COIN DE LA RUE DE GRAMMONT

1876

LES
RESSUSCITÉS

M. DE JOUY

Ci-gît M. de Jouy.

J'ai toujours eu un grand respect pour les grognards littéraires ; — et, si l'on veut bien m'entendre, je dirai aussi que la poésie du premier Empire a été souvent calomniée, et que ce n'est pas tout à fait cette pauvre femme en douillette cendrée qu'on a essayé de nous faire voir. J'en suis fâché pour ceux qui ne connaissent que les poésies ossianiques de Baour-Lormian et les romans de Pigault-Lebrun, — cet homme de lettres de l'Empire qui écrivait sur une schabraque. Mais je sais d'autres noms et d'autres livres, glorieux et respectables, ceux de Chateaubriand, par exemple, de Nodier et de madame de Staël, qui m'ont toujours fait penser qu'une semblable époque, — une époque de vingt ans, — ne méritait pas la raillerie et le dédain avec lesquels la plupart de nos critiques ont l'habitude de la saluer.

Il en est bien peu de ceux-là qui n'aient à se reprocher un bon mot sur M. Jouy, — une épigramme sur M. Jay, — une plaisanterie sur M. Arnault. On ferait un volume d'un tel recueil, et ce recueil pourrait être intitulé sans inconvénient la *Cravate blanche littéraire*.

Laissons dire. Celui de qui je veux parler aujourd'hui valait bien les trois quarts de nos écrivains d'à présent, je vous l'atteste. Ses vaudevilles étaient tout aussi spirituels que les nôtres, ses tragédies tout aussi froides, ses livrets tout aussi ridicules. Seulement c'était un autre ridicule, une autre froideur et un autre esprit. La pensée et le style ont leurs modes, comme on sait, et ces modes ont leur Longchamps. La phrase se taille comme un habit, tantôt courte et tantôt longue, hier en veste et demain en redingote. La littérature d'alors portait un carrick, celle d'aujourd'hui porte un paletot.

Ne nous moquons pas du carrick de M. de Jouy. Le carrick est un bon et honnête vêtement, très-ample et très-chaud. Et personne mieux que M. de Jouy ne savait porter le carrick. C'était un homme charmant en société, un oracle de goût, un modèle de galanterie, l'homme de son style en un mot. Sa plume avait des précautions inimaginables. Je dis précautions et non délicatesses, parce que la délicatesse même était dangereuse dans ce temps de censure irritée, ce qui rendait le métier d'écrivain fort difficile. Au régime des suspects politiques avait succédé le régime des suspects littéraires. On arrêtait, pour un hémistiche, les tragédies de Lemercier et les comédies d'Étienne. M. de Jouy fut à peu près le seul homme à succès de l'Empire. Il est vrai que l'empereur ne l'a jamais regardé comme un *idéologue*.

Je compare M. de Jouy à Marmontel, — le *Zémire et Azor* de la littérature.

Donnez un habit pailleté à M. de Jouy, et vous aurez Marmontel. Jetez un carrick sur les épaules de Marmontel, et vous verrez M. de Jouy. C'est absolument la même façon de dire, de voir, de sentir. C'est le même bonheur dans le même talent. Je vais plus loin, ce sont les mêmes ouvrages. — Comme Marmontel, M. de Jouy a fait des tragédies, des opéras et des romans. C'est la même plume qui a écrit le *Zirphile* de l'un et la *Guirlande* de l'autre ; c'est la même pensée qui a dicté *Fernand Cortez* et les *Incas*. Marmontel a fait les *Contes moraux*, M. de Jouy a fait l'*Ermite de la Chaussée-d'Antin*. Tous les deux enfin ont mis au monde un *Bélisaire*. — Trouvez-moi l'exemple d'une plus frappante analogie.

Il y a comme cela un homme qui se perpétue à travers tous les siècles, — un *beau masque, je te connais*, qui revient tous les cinquante ans avec un habit neuf, — un même académicien qui occupe sans cesse le même fauteuil, — un auteur qui n'est éternellement occupé qu'à se dédoubler et à se tirer à plusieurs exemplaires. Au XVIIe siècle, ce personnage s'appelait Quinault, au XVIIIe Marmontel, au XIXe M. de Jouy. Chacun d'eux n'a jamais été que l'édition revue et corrigée de son prédécesseur. Ouvrez le volume : il n'y a de changé que la reliure ; hier en veau, aujourd'hui en maroquin. Barbin et Panckoucke remplacés par Didot. Quant au texte, c'est toujours le même, avec cette différence seulement que l'anneau royal d'*Adraste* est devenu l'aspic de *Cléopâtre*, — qui lui-même est devenu la perruque de *Sylla*.

Ce fut une perruque qui fit la réputation de M. de Jouy. — Mais qui n'a pas eu sa perruque, au temps où nous sommes ? La perruque de Liszt, n'est-ce pas un peu son sabre d'honneur ? La perruque de George Sand, n'est-ce pas un peu son pantalon ? Cherchez bien au fond de toutes nos célébrités. Vous y trouverez une perruque.

Seulement, la perruque de M. de Jouy était une perruque véritable. C'était la perruque de Talma ; — à peine deux ou trois mèches qui, tombant plates et noires sur le front du comédien, lui donnaient une vague ressemblance avec l'empereur. Rien qu'avec cette perruque, M. de Jouy et Talma ont épouvanté tout Paris.

Il est vrai que c'était la première fois qu'on osait rappeler cette grande figure. A cette époque, l'empereur était encore chose neuve et soudaine. M. de Jouy eut la gloire d'être le premier à déshabiller cette ombre auguste, et son exemple ne tarda pas à être suivi de toutes parts.

M. de Jouy a surtout été un homme, — et un talent — de circonstance. Il fut tour à tour le *seul* et le *premier*, deux grands mérites. Le seul prudent sous l'Empire, le premier hardi sous la Restauration. Il a cultivé tour à tour l'à-propos innocent dans le tableau des *Sabines* et *Tippo-Saëb*, et l'à-propos séditieux dans *Bélisaire* et *Sylla*. Et quand il n'y eut plus hommes ni choses à exploiter, il en vint à se mettre lui-même en exploitation, lui et son succès. De même qu'avec une bouteille d'eau de Cologne il y a des gens qui ont l'art de faire quinze bouteilles d'eau de Cologne, de même M. de Jouy trouva le secret de faire quinze *Ermites* avec son premier *Ermite* : « Ermite, bon ermite, » comme dit la chanson. — Cette littérature en cagoule dura assez longtemps, puis on finit par s'en lasser et par la trouver fade. On s'attendait vainement à voir frétiller la queue du diable sous la robe du capucin ; la robe ne laissait rien passer. Saint Antoine n'eut pas de tentation.

Je me suis toujours étonné que la vie de M. de Jouy n'ait pas réagi davantage sur ses écrits. — C'était bien la peine d'avoir quitté la France à treize ans, d'avoir traversé les mers, d'avoir vu les Indes, Chandernagor; d'avoir été lieutenant, capitaine; puis d'être revenu, d'avoir eu sa tête à prix, de s'être mis en voyage une seconde fois, de s'être promené au bord du lac de Genève, en Belgique, en Hollande, en Italie, — et cela, pour en rapporter l'*Ermite de la Chaussée-d'Antin*, tout simplement. Il est vrai que tant d'autres écrivent sur l'Inde, la Suisse, la Belgique, la Hollande et l'Italie, qui n'ont jamais mis le pied hors du Palais-Royal.

Il fut le premier feuilletonniste *de genre* de ce temps-là. Il retroussa ses manchettes, comme faisait le comte de Buffon, et se prit à nous raconter en petits tableaux anodins les mœurs et la société auxquelles il avait l'honneur d'appartenir. Pour cela, il s'y prit le plus galamment et le plus discrètement possible, frappant toujours à la porte avant d'entrer, et criant à la jolie femme par le trou de la serrure : — « Madame, ayez l'obligeance de vous vêtir, je viens vous peindre en déshabillé. »

Ce fut ainsi qu'il pénétra dans l'étude du notaire et dans le boudoir de l'actrice, dans le cabinet du magistrat et dans l'atelier de la grisette, partout, en un mot, où il y a une patte de lièvre à gratter ou un bouton à tourner longuement. Puis, une fois entré, il plaça son chevalet dans le jour le plus favorable, choisit ses couleurs les plus flatteuses, pria son modèle de prendre la pose qui lui seyait le mieux, — et fit alors ce musée officiel que nous savons, et dont les premiers portraits eurent un si grand retentissement.

Mais partout où il n'y eut pas moyen de se faire annoncer, ou de frapper, — c'est-à-dire là où la porte demeure toujours ouverte, — M. de Jouy recula dédaigneusement, en se disant que son ton et son bel esprit n'avaient rien à faire en tel lieu. Il préféra laisser sa galerie incomplète, plutôt que de la compléter avec de grossières peintures de guinguettes et de cabarets. En descendant les marches qui vont à ces caveaux, peut-être se fût-il exposé à rencontrer quelqu'un de ces ivrognes, comme Hoffmann l'Allemand, par exemple, — et qu'eussent dit, je vous le demande, ses élégantes en turban à plume et ses muscadins en chapeau de paille de riz?

Je répète pourtant que cela n'empêche pas M. de Jouy d'être un homme de beaucoup d'esprit. Il a eu l'esprit du succès. Il venait après Rétif de la Bretonne, ce charbonnier de mœurs, et il a suffisamment expié *les Contemporaines* et *les Nuits de Paris*. Il a eu de l'élégance, de la finesse, de l'observation, du tact, alors que c'était chose presque nouvelle. Brossez et faites retoucher un peu ses toiles, et il vous restera d'agréables cadres d'antichambre, dont il ne faut pas trop faire fi.

M. de Jouy était né académicien. — Il fallait avoir fait bien peu de chose pour ne pas mériter un fauteuil à cette époque. Le *pas même académicien* de Piron n'était plus possible, et les immortels n'étaient point encore tourmentés par cet essaim de moustiques éclos dans les ruches nouvelles du journalisme. Ils marchaient fièrement dans leur force et dans leur liberté, comme l'*Othello* de leur camarade Ducis. Ils étaient eux-mêmes leurs critiques et leurs courtisans. Jamais l'Académie ne fut environnée de tant de majesté sereine. Jamais cette *bonne personne*, comme l'appelait Voltaire, ne parla tant d'elle-même que lorsqu'il n'y eut plus personne pour en parler.

On lui donna le fauteuil de Parny, — celui-là qui se roulait sur un lit de roses, et rimait chaque matin les baisers de la veille ; un poëte trop impie cependant pour être bien amoureux, et un drôle d'académicien, à vrai dire : un marquis en habit de berger, qui avait crayonné douze chants de blasphèmes en se jouant, — *la Guerre des Dieux*, — que vous vous rappelez peut-être pour l'avoir lue avec un souriant effroi. C'était le seul fauteuil vacant, et M. de Jouy n'eut garde de le refuser.

Je m'aperçois que je laisse de côté les dates. Pour peu que vous y teniez cependant, je vous apprendrai que M. de Jouy a vécu soixante-dix-sept ans, et qu'il est né dans la vallée de Bièvre.

Douce vallée de Bièvre ! — Il n'a jamais perdu de vue ses frais ombrages, ses gazons verts et ses troupeaux blancs. Même dans l'Inde, en France au plus fort de la Terreur, en Suisse, en Belgique, en Italie, M. de Jouy est toujours resté l'homme de la vallée de Bièvre. Le *beau* du Consulat et de l'Empire, l'*ermite*, le *causeur*, le *franc-parleur* n'a jamais pu dépouiller entièrement le villageois de Seine-et-Oise, — naïf villageois, avec du bon sens et de l'esprit *itou*, le coq de son village et aussi des grandes villes !

Il se perdit pourtant par la politique. C'est là le mal. — Il avait fait des vaudevilles pleins de sel et de calembours, des opéras tout brillants de feux de Bengale, des romans *palpitants d'actualité*, des tragédies jouées par Talma. Il se dit que la politique n'était qu'une autre espèce d'opéra et de tragédie, et que le premier-Paris se traitait absolument comme le couplet de facture. Parce qu'il avait coiffé un comédien d'une perruque de sa façon et que le public s'était mis à trembler devant cette perruque, M. de Jouy voulut confectionner des toupets en grand et en coiffer non plus les comédiens du Théâtre-Français, mais les comédiens des Tuileries, cette fois.

Il entra donc dans *le Courrier français* comme il serait entré dans le vestibule de l'Académie royale de Musique. L'ermite jeta le froc aux orties, ou plutôt il se fit ermite politique pour sa dernière métamorphose. Il regarda l'affiche de ce jour-là, et, comme on donnait le spectacle de l'opposition libérale (première représentation), il se dirigea, non plus vers la salle, mais dans les coulisses, où il demanda un casque et une épée de comparse, en chantant de toute la force de ses poumons ce que Duprez devait chanter plus tard : *Amis, secondez ma vaillance !*

Un jour, il rencontra Benjamin Constant qui lui rit au nez. — M. de Jouy faillit se fâcher, et lui demanda sérieusement si ce nouveau costume ne lui allait pas aussi bien qu'à tout autre. Et, à ce sujet, il le pria d'écouter un instant ce petit morceau d'éloquence sur les affaires intérieures, et puis cet autre aussi sur nos relations avec le cabinet de Londres. Et quand M. de Jouy eut fini, il n'attendit pas que Benjamin Constant lui eût répondu pour lui dire son avis, il s'en alla tout droit faire imprimer ses deux articles. — Ces poëtes sont tous ainsi. Il leur faut absolument la politique pour baisser de rideau.

M. de Jouy fut un des derniers voltairiens, — un voltairien paisible et inoffensif toutefois, le Voltaire du *Temple du Goût* et de la tragédie de *Tancrède*, un Voltaire fort présentable, comme vous voyez, et qui n'a jamais eu maille à partir avec les lettres de cachet, — ce qui ne l'empêcha pas d'être un enragé de modéré, lui aussi, en ce sens que nul n'est resté plus tenace dans son principe, plus ardent dans sa conviction, plus ferme dans son chemin. Je parle du Jouy littéraire. — Le Jouy politique, c'est autre chose. Une croix de Saint-Louis qu'on lui refusa le détourna brusquement de sa route. Le Jouy littéraire avait eu toutes les croix de Saint-Louis qu'il avait désirées.

Avec lui s'en sont allées les dernières traces de cette école de l'esprit sans poésie, et de la poésie sans enthousiasme. — Le beau hussard de l'Empire, qui avait été l'élégant marquis du XVIIIe siècle, tombe sur le champ de bataille, la poitrine froide sous son échelle de galons. Et l'on s'aperçoit en ce moment qu'il n'est point mort d'un boulet ou d'un coup de sabre, ainsi qu'on le pensait, mais tout vulgairement comme le premier phthisique venu. Il n'a pas été tué, il s'est éteint. Il s'est éteint au champ d'honneur, et sa mort a eu tout le prestige d'une mort militaire.

Telle est l'histoire du grand duel de 1830. — L'école de Voltaire tomba dans la fosse avant d'y être poussée. Jusqu'au dernier moment, elle eut encore l'art de dissimuler son agonie, de poser du fard sur ses rides et de faire de son râle une tirade solennelle. Le jour de sa mort, elle mit sa cravate la plus blanche, son bas de soie le plus fin, son habit le plus académique, et elle se rendit sur le terrain, appuyée simplement au bras d'un vieux valet de chambre. Là elle regarda l'heure qu'il était à sa montre, et, sentant qu'il lui restait encore quelques minutes de bravade, elle les employa à tirer lentement ses gants et à se boutonner jusqu'au menton d'un air héroïque. Puis, elle se mit en garde, et, après avoir croisé le fer, elle s'affaissa tout à coup en portant la main à son cœur et s'écriant : — « Touché !... »

Mensonge ! — L'école de Voltaire est morte de sa belle mort, et sans avoir eu besoin de personne pour l'y aider. Elle est morte de vieillesse et pas autrement ; parce qu'elle avait vécu sa vie pleine et entière, et qu'il était temps de mourir.

Ses derniers disciples, — en tête M. de Jouy, — l'assistèrent pieusement jusqu'à la fin. Ils reculèrent autant que possible l'instant fatal, et escarmouchèrent autour d'elle avec une présence d'esprit et un semblant de sécurité vraiment remarquables. A peine si l'on compte une défection dans cet autre Waterloo, — celle de M. Soumet, un Bourmont littéraire. On eût dit qu'ils avaient encore cent ans à vivre, tant leur riposte était allègre et leur coup de feu décisif. L'opinion publique en fut ébranlée plus d'une fois et n'en assista que plus curieusement à ce dernier acte de tragi-comédie.

M. de Jouy s'est beaucoup moqué de nous dans ces derniers temps-là. — Il a eu quelquefois raison. Il préférait toujours son carrick à nos surcots moyen âge, à nos manteaux espagnols, à nos robes dantesques, à nos ailes mystiques de séraphin, — voire même à la feuille de vigne de la Morgue, où il nous a si souvent reproché d'aller quérir nos héros. Il a vaillamment combattu l'essor du romantisme, il s'est opposé de toutes ses forces à l'invasion des barbares; puis, enfin, quand le torrent révolutionnaire s'est épandu par toutes les digues débordées, il s'est sauvé de Paris, comme le soldat des Thermopyles, et il ne s'est arrêté qu'à Saint-Germain, où il est mort dans ses œuvres complètes, — vingt-quatre volumes in-octavo.

Ci-gît M. de Jouy.

CHATEAUBRIAND[1]

Depuis longtemps, nous désirions parler de M. de Chateaubriand, un de ces grands cœurs qui rehaussent les lettres et font que le plus humble d'entre les écrivains en marche plus fermement dans l'orgueil de sa profession. Pendant ces dix-huit ans de monarchie constitutionnelle, la littérature a été tellement compromise par une nuée d'étourdis ; on en a tellement fait une chose de bavardage et de négoce; on s'est tellement moqué, en le volant, du lecteur du XIXe siècle, que nous avions besoin de remercier celui des lit-

1. Cette étude a été publiée dans le journal *la Presse*, en guise d'introduction aux *Mémoires d'Outre-Tombe*.

térateurs qui est constamment resté le plus digne, sans cesser d'être le plus renommé.

Il était l'honnête homme, il était le grand homme. Son nom remplissait la littérature et l'inondait d'une lumière d'or. Un jour de république il s'en est allé, doux et triste, la main dans la main de ceux qui l'ont aimé. On a porté son corps en Bretagne, selon son dernier vœu, et tout a été dit. — Passez maintenant devant cette maison silencieuse de la rue du Bac qui porte le n° 112 ; on vous montrera la chambre de Chateaubriand, la table de Chateaubriand, le lit où il est mort.

Aujourd'hui, si nous allons essayer de rappeler quelques traits de cette figure vaste et mélancolique, si nous redescendons pas à pas dans son œuvre, c'est donc moins pour remplir un devoir de critique que pour adresser un dernier hommage à celui qui fut pendant si longtemps la plus brillante expression de la France littéraire, — le dernier gentilhomme peut-être, le plus grand chrétien à coup sûr.

Chateaubriand appartient à cette famille de penseurs-colosses, devant lesquels on s'arrête deux fois avant d'entreprendre d'en faire le tour. L'ensemble de leurs travaux inspire un respect qu'ordonneraient au besoin leur caractère et l'estime radieuse qu'on leur a vouée. C'est depuis le Consulat que dure la gloire de l'auteur du *Génie du Christianisme*; et, en France, si les succès d'une heure ont rarement raison, les succès d'un demi-siècle n'ont jamais tort. Qui a été grand homme pendant cinquante ans est assuré de l'être toujours.

Ce qui nous frappe le plus dans l'œuvre de Chateaubriand, c'est Chateaubriand. L'histoire d'une pensée est parfois aussi remplie d'enseignements que cette pensée elle-même. L'auteur est le premier de ses livres, — ou du moins celui qui donne la clef de tous les autres. Or, qu'on nous dise une plus belle histoire que celle de ce poëte, de ce militaire, de ce voyageur, de ce ministre, de cet ambassadeur, de ce pair de France. Pas un rivage qu'il n'ait connu, pas une renommée qu'il n'ait savourée, pas une misère qu'il n'ait soufferte.

Nous ne nous cachons pas la témérité et l'importance des lignes que nous allons tracer. Par la place qu'il occupe dans le siècle, Chateaubriand méritait peut-être qu'une plume mieux connue écrivît sa gloire et son génie. Nous n'appartenons pas à la génération qui l'a vu vivre : nous appartenons à celle qui l'a vu mourir; mais nous appartiendrons surtout à celle qui le verra se survivre. Où donc serait le mal quand on demanderait quelquefois à la jeunesse son opinion sur les hommes et les choses du temps? Il est bon de s'inquiéter de ce que pensent du présent ceux qui seront l'avenir.

Un matin de juillet dernier, deux voitures noires gagnaient tristement les côtes de Bretagne. Dans l'une d'elles, il y avait le corps du grand auteur. Dans l'autre, il y avait un curé, un exécuteur testamentaire, et François, le valet de chambre. Ces deux voitures arrivèrent ainsi à une petite ville voisine d'Avranches. Pendant qu'elles stationnaient sur la route en attendant des chevaux, une dame d'un certain âge, tenant un modeste bouquet enveloppé dans du papier, s'approcha avec crainte. Elle déposa son présent sur la banquette intérieure en disant à voix basse :

— *C'est pour M. de Chateaubriand; c'est tout ce que j'ai pu me procurer.*

Nous faisons comme la vieille dame. Voici notre bouquet.

I

Chateaubriand entra dans la vie par la grande porte des forêts. Enfant de cette sombre Bretagne qui ne produit que des hommes-chênes ou des conscrits nostalgiques, il en garda toujours le double caractère de force et de mélancolie. Les fées aux harpes d'or, qui veillent dans ces antiques feuillages, descendirent sur son berceau pour lui nouer au front la verveine sacrée. On l'éleva dans un château noir d'où il entendait chanter la mer, — la mer, sa première et sa dernière passion ! Mais sa jeunesse fut triste comme un poëme d'Ossian. Ne jetez pas vos enfants dans les bois. La nature *toute seule* est un maître dangereux, qui fera d'eux des sauvages si elle n'en fait des poëtes, des monstres si elle n'en fait des génies. Il vaut mieux d'abord se heurter contre la société que de se blesser aux troncs des arbres. Le mal qui vient des hommes se guérit plus facilement que celui qui vient de Dieu.

Alors, comme le *Tambour Legrand*, de Henri Heine, Chateaubriand avait des larmes *qu'il ne pouvait pas pleurer*. Au Château de Combourg, on ne connaissait ni les tendresses de la famille, ni les sourires du foyer ; jamais il ne sentit deux bras jetés autour de son cou. Sa mère le poussait à l'église, son père ne le poussait à rien. Hésitant et délaissé, il se contentait de rimer de mauvais vers, lorsque, du fond de sa jeunesse, farouche comme celle de Rousseau, s'éleva ce mystérieux amour qui nous valut plus tard un chef-d'œuvre de douleur.

Ah ! le premier amour des poëtes, c'est là qu'il faut chercher le secret de leur vie ! Énergie ou faiblesse, leur douceur ou leur cruauté, leur abaissement ou leur gloire, penser que tout cela tient en germe dans un coin du cœur de la première femme rencontrée ! C'est Manon qui nous dit les désordres et les folles larmes de l'abbé Prévost ; c'est Pimpette dont les baisers feront les éclats de rire de Voltaire ;

Frédérique délaissée explique le *Faust* de Gœthe, — et le pâle sourire de Lucile ajoute une page à *René*.

Cette histoire qui ne ressemble à rien, pleine d'audace ténébreuse, cette grande tragédie en cinq ou six feuillets, où des filets de sang se sont mêlés sans doute à l'encre qui les a écrits, ce petit roman fataliste contient Chateaubriand tout entier. A d'autres les amours faits de sourires et d'aventures, le sonnet soupiré aux pieds de la femme en robe de bal, dans un boudoir odorant. En Bretagne, du côté de la mer, sous les arbres remplis d'une plainte éternelle, cela se passe autrement. L'amour est fait d'une plus funeste essence. Il est rare qu'on en guérisse; Chateaubriand n'en a pas guéri.

Pauvre gentilhomme breton ! enfant des solitudes mauvaises ! Un jour, en te rappelant ta jeunesse désolée, tu devais écrire cet involontaire aveu : « Nous sommes persuadés que les grands écrivains ont mis leur histoire dans leurs ouvrages. *On ne peint bien que son propre cœur, en l'attribuant à un autre;* et la meilleure partie du génie se compose de souvenirs. »

Elle s'appelait Lucile. Ce nom, il ne l'a jamais dit, il ne l'a jamais tracé. C'était moins une jeune fille qu'une ombre de jeune fille, glissant à peine sur terre et prête à se dissoudre en ondoyante vapeur, comme ces figures que les peintres montrent vaguement dans le lointain des forêts enchantées. Pour je ne sais quel motif, expliqué par la science médicale, un collier d'acier comprimait les ondulations de son cou flexible et long comme celui d'un cygne. Cette étrange enfant était consumée par une sensibilité nerveuse développée à l'excès ; et l'on eût dit, à la voir frêle, gracieuse et blanche, une de ces vierges, nées d'une larme, qui se trouvent au fond de quelques poëmes mystiques. Tous deux, le frère et la sœur, se promenaient souvent dans les landes, ou bien, assis sur la chaussée de l'étang, ils laissaient venir à eux la nuit étoilée, avec ses rumeurs confuses et ses chauds parfums qui gagnent imperceptiblement le cœur et finissent par le submerger.

Pourquoi voulait-il se tuer? — Un jour, le fusil sous le bras, il descendit plus lentement que de coutume le perron du château ; il se dirigea vers le bois; parvenu à l'extrémité du grand mail, il se retourna pour regarder par-dessus les arbres une petite tourelle ; — il disparut...

Et lui aussi, *René*, avait rêvé le suicide ; mais, entre la tombe et lui, une voix s'était élevée : « Ingrat, tu veux mourir, et ta sœur existe! Tu soupçonnes son cœur! Ne t'explique point, ne t'excuse point, je sais tout; j'ai tout compris, comme si j'avais été avec toi. Est-ce moi que l'on trompe, moi qui ai vu naître tes premiers sentiments? Voilà ton malheureux caractère, tes dégoûts, tes injustices ! Jure, tandis que je te presse sur mon cœur, jure que c'est la dernière fois que tu te livreras à tes folies ; fais le serment de ne jamais attenter à tes jours ! »

Chateaubriand tint le serment de *René*. Quelques heures après, calme en apparence, il rentrait au manoir de Combourg. Ce qui s'était passé dans son âme, Dieu seul le sait. Tous les hommes forts comptent un jour semblable à l'entrée de leur vie, un jour où ils se demandent s'il est nécessaire d'aller plus loin et s'il ne vaudrait pas mieux briser sa pensée que de se laisser briser par elle; si la mort innocente n'est pas préférable à la vie coupable, et lequel est le moins désespérant du jeune suicide de Chatterton ou du vieux suicide de Jean-Jacques? Ceux qui sortent de cette épreuve, ce sont les ambitieux et les chrétiens. Prêt à se noyer, celui-là regarde l'eau avec un sourire et rebrousse chemin: c'est Napoléon. Celui-ci détourne le canon de son fusil, avec une larme: c'est Chateaubriand.

J'ai dit qu'on voulait faire de lui un prêtre. Au collége où il fut envoyé à cette intention, on lui donna la chambre et la couchette de Parny. Dans cette chambre et sur cet oreiller, tiède de rimes libertines, Chateaubriand essaya vainement de devenir prêtre. Il ne trouva pas un froc à sa taille. Malgré lui, il se vit obligé de « rapetisser sa vie pour la mettre au niveau de la société, » et, comme dans ce temps-là il fallait absolument être quelque chose en attendant de devenir quelqu'un, il endossa le premier uniforme venu qui lui tomba sous la main.

Aussi bien, j'aime mieux voir Chateaubriand entrer dans son siècle avec une épée qu'avec une soutane. Partie d'un soldat et d'un gentilhomme, la restauration religieuse qu'il doit fonder un jour en sera plus importante et mieux assise. Il y a du sang de croisé dans ses veines ; c'est Tancrède revenu pour replanter une seconde fois la croix sur le tombeau de Dieu le Fils.

Qu'on se figure un jeune homme de petite taille, fort maigre, aux épaules un peu élevées, *ainsi que dans toutes les grandes races militaires*, selon une de ses expressions. Sa tournure est inquiète, presque timide. Il penche habituellement la tête; mais c'est une tête sculptée avec largeur comme la plupart des têtes bretonnes, épais cheveux, épais sourcils, regard habité par la pensée. Si c'est particulièrement au front, blason vivant, que se reconnaissent les gentilshommes de l'intelligence, le chevalier de Chateaubriand porte sur le sien sa noblesse inscrite en lignes splendides. Pâle comme Bonaparte, de cette pâleur qui n'a rien à démêler avec la maladie, il y a sous l'accent profond de ses traits une teinte de mélancolie hautaine qui ne le quittera plus. Le nez est long, insensiblement courbé et pincé vers son extrémité inférieure. La bouche est petite, avec des lèvres minces qu'on sent aussi avares de paroles que le reste de la physionomie semble riche de pensées. En résumé, c'est une tête d'un beau style, pleine de noblesse et d'observation. Ce grand air d'aristocratie qui prédomine et doit plus tard se refléter dans ses œuvres ne peut évidemment appartenir qu'à un écrivain de la famille galonnée des Montesquieu et des Buffon.

Il avait alors vingt ans. Quand il entra dans Paris, le fameux XVIIIe siècle, gorgé de folies et de crimes, allait rendre le peu qu'il avait d'âme. Chateaubriand assista aux derniers débattements du monstre sur le sable doré de la cour.

On allait chaudement en besogne de vice. Sentant que la mort la tirait par la jambe, la noblesse se dépêchait à boire la joie et le luxe à double tasse. Chaque jour amenait son extravagance nouvelle.

Notre jeune et fier Breton passa brutalement à travers les toiles galantes des araignées de l'Opéra, sans y laisser ailes ni pattes. Tout le monde se rangea devant son amour ignoré ; et par-dessus les haies de Trianon il put regarder, sans danger pour son cœur, les fêtes nocturnes de la reine autrichienne. On l'invita une fois à monter dans les carrosses de Sa Majesté, pour suivre la chasse. Peut-être fut-ce ce jour-là qu'il vit Louis XVI laisser tomber en riant un pavé sur le ventre d'un de ses gardes endormis.

Toute la société de ce temps, qui avait encore la tête sur les épaules, défila devant ses yeux : les héros, les scélérats, les laquais, les bourreaux, tous les guillotinés de l'avenir. Il dîna avec Mirabeau, et trinqua avec Mirabeau. Et en revanche Mirabeau, le regardant en face, lui mit sa large main sur l'épaule. Le petit lieutenant faillit en être disloqué : « Je crus sentir la griffe de Satan, » dit-il. Mirabeau à table, bruyant, verveux, déchirant ses dentelles, valait presque Mirabeau à la tribune. Il buvait comme Bassompierre, il riait comme Borée. Chateaubriand ne le quittait pas du regard, et déjà sans doute se gravaient dans sa mémoire les lignes vigoureuses avec lesquelles il devait tracer le portrait de *ce grand homme et de ce grand coquin*, comme disait M. de Condé :

« Mêlé par les désordres et les hasards de sa vie aux plus grands événements et à l'existence des repris de justice, des ravisseurs et des aventuriers, Mirabeau, tribun de l'aristocratie, député de la démocratie, avait du Gracchus et du Don Juan, du Catilina et du Guzman d'Alfarache, du cardinal de Richelieu et du cardinal de Retz, du roué de la Régence et du sauvage de la Révolution ; il avait de plus du Mirabeau... Sa laideur, appliquée sur le fond de beauté particulière à sa race, produisait une sorte de puissante figure du *Jugement dernier* de Michel-Ange. Les sillons creusés par la petite vérole sur son visage avaient plutôt l'air d'escarres laissées par la flamme. La nature semblait avoir moulé sa tête pour l'empire ou pour le gibet, taillé ses bras pour étreindre une nation ou pour enlever une femme. Quand il secouait sa crinière en regardant le peuple, il l'arrêtait ; quand il levait sa patte et montrait ses ongles, la plèbe courait furieuse. Au milieu de l'effroyable désordre d'une séance, je l'ai vu à la tribune, sombre, laid et immobile : il rappelait le Chaos de Milton, impassible et sans forme au centre de la confusion. »

Ce portrait est une des belles choses de

Chateaubriand. Il donne une magnifique idée de sa manière et de son style [1].

Mais ce qu'il avait désir de voir, c'étaient principalement les cercles du beau langage, les salons à la mode, l'Académie et ses succursales. N'avait-il pas dans une des basques de son uniforme deux à trois milliers de rimes, oiseaux brillants qui n'aspiraient rien tant qu'aux délices de la volière ?

1. Dans son livre de *Philosophie et littérature*, M. Victor Hugo a, lui aussi, esquissé cette grande figure de Mirabeau. Il est peut-être curieux de comparer le choc de ces deux pensées sur le même homme, l'étincelle de ce fer rouge sous ces deux marteaux. Voici le texte de M. Victor Hugo :

« Tout en lui (Mirabeau) était puissant. Son geste brusque et saccadé était plein d'empire. A la tribune, il avait un colossal mouvement d'épaules, comme l'éléphant qui porte sa tour armée en guerre. Lui il portait sa pensée. Sa voix, lors même qu'il ne jetait qu'un mot de son banc, avait un accent formidable et révolutionnaire qu'on démêlait dans l'Assemblée comme le rugissement du lion dans la ménagerie. Sa chevelure, quand il secouait la tête, avait quelque chose d'une crinière. Son sourcil remuait tout, comme celui de Jupiter, *cuncta supercilio moventis*. Ses mains quelquefois semblaient pétrir le marbre de la tribune. Tout son visage, toute son attitude, toute sa personne était bouffie d'un orgueil pléthorique qui avait sa grandeur. Sa tête avait une laideur grandiose et fulgurante dont l'effet par moments était électrique et terrible. Le génie de la révolution s'était forgé une égide avec toutes les doctrines amalgamées de Voltaire, d'Helvétius, de Diderot, de Bayle, de Montesquieu, de Hobbes, de Locke et de Rousseau, et avait mis la tête de Mirabeau au milieu. »

Compactement rangés, entre les acteurs et les spectateurs, comme des musiciens dans un théâtre, les littérateurs continuaient à jouer *rinforzando* l'ouverture de la Révolution française, commencée depuis cinquante ans environ. La toile allait se lever. A la place du chef d'orchestre il y avait Beaumarchais, l'héritier direct de Voltaire et qui, pour la société d'alors, valut *une peste*, comme Chateaubriand valut plus tard *une armée* pour la Restauration.

Chateaubriand ne vit pas apparemment le côté grave de tout cela. Ce n'était qu'un jeune homme. Au moment où le siècle craquait et chancelait comme le Panthéon de Soufflot, il se faufilait entre deux paravents, sur la pointe du pied, dans la compagnie des infiniment petits de la littérature. « On *parla de moi* chez Lebrun et chez Flins des Oliviers. »

A la fin, pourtant, il commença par comprendre combien était puérile cette préoccupation de tous les instants. Il y renonça. Ainsi dit *René* : « J'avais voulu me jeter dans un monde qui ne me disait rien et qui ne m'entendait pas ; ce n'était ni un langage élevé ni un sentiment profond qu'on demandait de moi. Traité partout d'esprit romanesque, *honteux du rôle que je jouais*, dégoûté de plus en plus des choses et des hommes, je pris le parti de me retirer dans un faubourg pour y vivre totalement ignoré. Je trouvai du plaisir dans cette vie obscure et indépendante. Inconnu, je me mêlais à la foule, vaste désert d'hommes ! »

Mais, sur ces entrefaites, la Révolution marchait. Elle vint droit à lui. Il en eut peur, et il recula. Son heure d'action n'était pas sonnée. Trop dédaigneux peut-être, il regarda se traîner *dans les ruisseaux de Paris* les vainqueurs de la Bastille, et détourna la tête de l'œuvre de fer qui s'apprêtait. La noblesse tout entière émigrait à Coblentz. Chateaubriand émigra au Nouveau-Monde. Avant de connaître les hommes, il voulut connaître l'homme.

Toutefois, il ne partit pas sans dire au revoir. La Harpe, qui était le concierge de la littérature du XVIIIe siècle, lui présenta le *Mercure* pour qu'il y inscrivît son nom, comme c'était l'usage. Chateaubriand y mit je ne sais quels vers sur l'*Amour de la campagne*, une sorte d'idylle — au nez de laquelle il a dû bien rire plus tard, et où l'on remarque ce distique :

Au séjour des grandeurs mon nom mourra sans gloire,
Mais il vivra longtemps sous les toits de roseaux.

C'était le contraire qu'il fallait dire. M. de Chateaubriand a été meilleur prophète sur la fin de ses jours.

II

« Voici le plaqueminier ; sous le plaqueminier il y a un gazon ; sous ce gazon repose une femme. Moi, qui pleure sous le plaqueminier, je m'appelle Celuta ; je suis fille de la femme qui repose sous le gazon ; elle était ma mère.

« Ma mère me dit en mourant : Travaille, sois fidèle à ton époux quand tu l'auras trouvé. S'il est heureux, sois humble et timide ; n'approche de lui que quand il te dira : Viens, mes lèvres veulent parler aux tiennes.

« S'il est infortuné, sois prodigue de tes caresses; que ton âme environne la sienne, que ta chair soit insensible aux vents et aux douleurs. Moi, qui m'appelle Celuta, je pleure maintenant sous le plaqueminier; je suis la fille de la femme qui repose sous le gazon. »

Ainsi chante une jeune fille couronnée de fleurs de magnolia et vêtue d'une robe blanche d'écorce de mûrier. Assise au milieu des Indiens, sur l'herbe semée de verveine empourprée et de ruelles d'or, René l'écoute et la regarde d'un air attendri.

Le voilà bien loin du pays breton. Cette soif de solitude qui le tourmente comme tous les génies austères, il peut l'assouvir maintenant. Entre Dieu et lui la civilisation ne tend plus ses voiles. Son cœur souffre toujours, mais sa pensée grandit et se dégage. Laissez faire : peu à peu le soleil du désert dissipera sur son front l'ombre des bois de Combourg.

Il est probable que, sans le voyage en Amérique, Chateaubriand n'eût jamais été qu'un timide élève de La Harpe et de Ginguené, — un poëte de salon tenu perpétuellement en bride par les guirlandes artificielles de la coterie académique. Tout au plus se fût-il élevé un jour à la bien innocente réputation d'Esménard ou de l'auteur du *Printemps d'un Proscrit.*

Au contraire, Chateaubriand, jeté en plein Nouveau-Monde, chair blanche au milieu des chairs peintes, Chateaubriand égaré sous la lune de feu, mangeant des *tripes de roche* et respirant l'odeur d'ambre qu'exhalent les crocodiles dans les glaïeuls; le jeune officier du régiment de Navarre chassant le castor avec le sachem des Onondagas, après avoir couru le cerf avec Louis XVI; le rimeur de l'*Almanach des Muses* enfin, chez les Iroquois, devait se transformer invinciblement, et, parti avec l'idylle sur l'*Amour de la campagne*, revenir avec le *Génie du Christianisme.*

Le voyage en Amérique fut toute une révélation pour lui. Ses convictions classiques, entaillées à la racine, ne devaient jamais bien se remettre; et le *Cours de Littérature* commença à s'évanouir à ses regards dans la poussière humide du Niagara. Qu'on s'imagine, en effet, l'étonnement d'un littérateur du XVIIIe siècle à l'aspect de cette nature géante, vivace, inconnue, gracieusement terrible; et quel puissant soufflet Dieu ne donnait-il pas devant lui au jardinier Le Nôtre !

Tombé au milieu des hérons bleus, des flamants roses, des piverts rouges, Chateaubriand dut sourire en songeant à ce vieil oiseau français — *Philomèle* — sur lequel nous vivons uniquement depuis l'ère mythologique Le souvenir encore plein des héros de Racine et de Voltaire, n'ayant vu de sauvages que dans la tragédie d'*Alzire*, est-ce qu'il ne recula pas à la vue du premier Séminole qui se dressa devant lui, la perle pendante au nez, les oreilles en découpures, et portant un hibou empaillé sur la tête ?...

Le mal est peut-être qu'il n'y demeura pas assez longtemps pour l'anéantissement complet de sa rhétorique. Deux ans de plus, et Chateaubriand eût tout à fait noyé ses vieilles formules dans l'Ohio. Son passage trop rapide à travers la campagne ardente a produit un style mixte, où le sauvage et le gentilhomme apparaissent à intervalles égaux.

Pourquoi partit-il si brusquement? quel souci lui fit déserter l'ajoupa et renoncer aux splendeurs des nuits américaines ? On l'ignore, et lui-même sans doute l'ignorait aussi. Il y avait alors dans l'air un tourbillon brûlant qui dispersait aux quatre coins du monde la plupart des hommes de ce siècle : l'abbé Maury à Rome, Louis-Philippe à Elseneur, M. de Jouy à la cour de Tippoo-Saëb et Chateaubriand partout. Peut-être entendit-il, comme René, une voix qui lui disait : « Que faites-vous seul au fond des forêts, où vous consumez vos jours, négligeant vos devoirs ? Des saints, direz-vous, se sont ensevelis dans les déserts ! Ils y étaient avec leurs larmes et employaient à éteindre leurs passions le temps que vous perdez peut-être à allumer les vôtres. Quiconque a reçu des forces doit les consacrer au service de ses semblables. » Chateaubriand écouta cette voix et repassa les mers.

Il a dit plus tard que son but était de rejoindre l'armée de Condé. Cela est possible. Mais à peine en France, — alors que la Révolution fait de Paris un vaste centre de fermentation sociale, alors que les clubs discutent, que le peuple tonne, que Mirabeau expire ; pendant que la Monarchie se sauve par une porte dérobée et que la République la ramène par l'oreille ; lorsque Sanson se pavane le matin sur son trône de Grève et va le soir, les mains lavées, au théâtre du Vaudeville ; à l'heure où tout frémit, où tout pâlit, où tout se glace, — Chateaubriand, lui, s'en va tranquillement trouver une jeune fille qu'il a deux ou trois fois entrevue ; il lui parle, elle lui sourit; il lui offre de l'épouser et il l'épouse. René se marie.

Une fois marié, — alors il émigra.

C'est de ce moment que date sa véritable misère et son noviciat d'homme. Jusqu'à présent, ce n'a guère été qu'un poétique, élégant et douloureux rêveur; aujourd'hui le voilà qui saute à pieds joints dans la vie prosaïque et affamée, qui souffre du corps, qui est jeté dans un fossé comme un chien, qui n'a pas le sou, qui est mis à la porte par les filles d'auberge, couvert de plaies, souillé de fange, contagié et la cuisse entortillée de paille, ainsi que les gueux des plus implacables *eaux-fortes*. — Mourant, il se traîne sur les mains; on le pose dans un fourgon, la moitié du corps pendant en dehors; on l'embarque à fond de cale et on le rejette de nouveau à terre. Quelqu'un passant par hasard, — un bon Samaritain de Guernesey, — lui tourne le visage vers le soleil et l'adosse contre un mur. Puis il s'éloigne.

Mais le génie a la vie dure. Quelques mois

plus tard, M. de Chateaubriand était à Londres. Retiré dans un faubourg, au fond d'une maison vieille, devant une table branlante, il commençait l'*Essai sur les Révolutions*, et traduisait de l'anglais, aux gages d'un libraire. Pendant huit ans, il *mangea du grenier*, pour parler le langage des artistes. Son habit était râpé; il ne sortait que le soir. Dans ses marches mélancoliques, on le voyait traverser le village de Harrow, à l'époque où une tête d'enfant vive et bouclée, — celle de lord Byron, — se montrait souvent aux fenêtres de l'école.

J'aime cette misère de Chateaubriand et jusqu'à ce pauvre habit nocturne que j'eusse voulu lui voir conserver toujours, comme fit le vizir des Contes, jadis gardeur de troupeaux. M. M*** lui avait dit un jour : — « Il n'y a qu'une infortune réelle, celle de manquer de pain. » Et souvent l'auteur de *René* eut l'occasion de se trouver réellement malheureux. Il parle en maint endroit du droguiste et du marchand de poignards qui demeuraient à sa porte. Mais ce ne sont que des déboires passagers, après lesquels, résigné et rêvant, nous le retrouvons par les rues de Londres, allant au hasard, les yeux dans les étoiles, ou bien occupé

> Devant quelque palais, regorgeant de richesses,
> A regarder entrer et sortir les duchesses.

« Quant à la haute société anglaise, chétif exilé, je n'en apercevais que les dehors. Lors des réceptions à la cour ou chez la princesse de Galles, passaient des ladies assises de côté dans des chaises à porteurs; leurs grands paniers sortaient par la porte de la chaise, comme des devants d'autel; elles ressemblaient elles-mêmes, sur ces autels de leurs ceintures, à des madones ou à des pagodes. Ces belles dames étaient les filles dont le duc de Guines et le duc de Lauzun avaient adoré les mères : et ces filles étaient, en 1822, les mères et les grand'mères des petites-filles qui dansaient chez moi en robes courtes au son du galoubet de Collinet. »

L'*Essai* terminé, il le vendit à un brave éditeur de Gerrard-Street. C'est un ouvrage sans tête ni queue, triste, fou, anglais enfin, où le style vagabonde en compagnie de la pensée. On y trouve des pages éclatantes et des absurdités énormes, un parallèle entre Alexandre et Pichegru, — des fragments d'un poëme sanscrit, — la négation de l'authenticité du Nouveau Testament ; et, par-dessus le marché, une fable de Mancini-Nivernois, intitulée *Le Papillon et l'Amour*. Tout cela eut quelque succès en Angleterre.

Plus tard, c'est-à-dire trente ans après, Chateaubriand s'est prononcé lui-même sur cette production avec une brutalité sans exemple. Les notes qu'il y a ajoutées dans l'édition de ses œuvres complètes concourent à faire de ce livre un des monuments les plus singuliers de la littérature. « Je ne saurais trop souffrir pour avoir écrit l'*Essai*, » dit-il en commençant : « Ce ne sont qu'*idiotismes et sottes impiétés;* une *rage*, une *impertinence*. Qu'est-ce que je veux dire ? En vérité, je n'en sais rien; je me crois sans doute profond ! Comme j'arrangeais la langue ! quel barbare ! » Tantôt, c'est une approbation ironique : « Pas trop mal pour un petit philosophe en jaquette, » et mille autres épithètes, qui font qu'on se sent ému de pitié malgré soi et prêt à demander grâce pour lui-même à M. de Chateaubriand. Mais, la discipline à la main, l'auteur de l'*Essai* se retourne et vous répond comme cette femme dans Molière : « Eh ! si c'est mon plaisir, à moi, d'être battu ? »

Chateaubriand vécut sur l'*Essai* jusqu'au commencement du XIXe siècle, époque à laquelle il rentra en France clandestinement et sous un faux nom, — comme s'il se fût agi de passer son talent en contrebande.

III

« Encore des romans en A ! J'ai vraiment bien le temps de lire toutes vos niaiseries ! » s'était écrié le premier consul, un jour que sa sœur, madame Bacciochi, était venue le trouver, un petit volume à la main. Ce petit volume était l'*Atala* de Chateaubriand.

Dire la clameur assourdissante qui se fit autour de ce livre, c'est difficile. Son auteur marcha dans la gloire, et fut reçu dans tous les salons. On le traduisit à son tour, lui qui avait tant traduit; de son œuvre on fit des tableaux, des parodies, des caricatures, des éloges, des épigrammes. L'Europe entière en fut remuée. Voyageant plus tard en Turquie, à la porte d'une mosquée où il avait décliné son nom, Chateaubriand vit accourir vers lui, les bras ouverts, un musulman qui l'accueillit par cette exclamation : *Ah ! ma chère René et mon cher Atala !* — Ce n'était pas correct, mais c'était flatteur.

Atala est restée au fond de notre jeunesse comme un souvenir charmant, mêlé aux choses les plus intimes du catholicisme et de l'amour, comme un lointain bruissement d'orgue. La génération actuelle l'a lu au sortir de sa première communion, sur le coin d'un *forte-piano*, alors que tout Paris allait admirer les tableaux de Gérard, après une revue passée par le général Molitor. Aujourd'hui, en tout temps, sous tous les points de vue, *Atala* demeure une fantaisie délicieuse, un roman-curiosité, plein de chatoiements bizarres, et qui, pour la fidélité locale du style, sinon pour l'attendrissement profond du sujet, laisse en arrière *Paul et Virginie*. Tel chapitre est colorié, criard et gracieux comme un plumage d'ara. C'est le premier roman travaillé de forme ;

car Chateaubriand est le premier qui ait fait de sa plume un outil et de sa phrase une matière solide.

Mais ce n'était rien qu'un frivole prélude au *Génie du Christianisme*, un petit cantique avant une grand'messe. Dépouillé maintenant de ses idées de philosophe, Chateaubriand aspirait de toutes ses forces vives à l'initiative d'une réaction religieuse. On ne pouvait choisir mieux le moment. La France, abrutie de sang sous la Terreur, abrutie de vin sous le Directoire, hier furie, aujourd'hui bacchante, s'anéantissait tout entière dans les orgies du Palais-Royal. Après avoir mangé la salade d'anchois dans le saint ciboire, elle allait chez le traiteur Méot s'enivrer d'un vin dont il n'eût pas donné une bouteille pour tous les assignats de la terre. Puis elle s'attardait avec les nymphes empanachées du Perron. Ainsi Bonaparte l'avait-il rencontrée, ainsi Chateaubriand l'avait-il surprise. Un soir, tous les deux la prirent, chacun par un bras, et la remirent dans son chemin honnête. Le lendemain, quand elle fut réveillée, l'un lui fit signer le Concordat, l'autre le *Génie du Christianisme*.

Imaginez un vase de myrrhe renversé sur

les marches d'un autel sanglant, et vous aurez l'impression produite par l'apparition de ce livre saint. Des larmes de joie en vinrent aux yeux de toutes les mères. Peu s'en fallut qu'on ne décorât le devant des maisons et qu'on ne jetât des fleurs sur le pavé des rues, comme pour l'entrée à Jérusalem. « Quel est donc ce jeune homme, se demandait-on, qui ramène pieusement le Dieu de ses pères dans un pan de son manteau ? »

La France aime Dieu ; on ne peut lui ôter cela. Famille et religion, vous êtes invincibles ; car vous êtes les deux sources d'honnêteté et d'amour ; en vous est la poésie, grande et petite ; vous ne serez pas supprimées par les fous. Rêves frémissants de jeunesse, flammes mystiques mal éteintes, tendresse grave des parents, branches de buis accrochées au foyer domestique, pleurs silencieux qui tombez journellement sur les tombes, vous êtes plus forts que tous les philosophes !

J'ai relu le *Génie du Christianisme* ; c'est encore le livre de notre époque, — le livre d'un lendemain de révolution. Il a des baumes pour toutes les plaies, des consolations pour toutes les souffrances. Il prouve et il émeut, il raisonne et il chante; c'est l'enthousiasme du prophète dans la logique de l'historien.

Dans ce panorama chrétien, les scènes touchantes et grandioses se succèdent avec une éblouissante diversité. Fénelon ne décrivait pas autrement; Bossuet n'avait pas de plus magnifiques éclairs. La phrase tombe sur l'idée à plis amples et riches. On admire. Ce qu'il y a de bon aussi quelquefois, c'est que, du milieu de cette majesté, tout à coup s'échappe un cri naïf qui vient vous frapper le cœur. C'est un géant qui, sur le rocher sublime où il rêve, s'est baissé pour ramasser une pauvre herbe.

Est-ce que Félicien David, lorsqu'il composait la *Danse des Astres*, n'avait pas lu le morceau suivant, écrit d'une main formidable, et qui n'a d'équivalent que dans les entassements à la fois lumineux et sombres du peintre Martinn :

« Conçoit-on bien ce que serait une scène de la nature, si elle était abandonnée au seul mouvement de la matière? Les nuages, obéissant aux lois de la pesanteur, tomberaient perpendiculairement sur la terre ou monteraient en pyramides dans les airs. L'instant d'après, l'atmosphère serait trop épaisse ou trop raréfiée pour les organes. La lune, trop près ou trop loin de nous, tour à tour serait invisible, tour à tour se montrerait sanglante, couverte de taches énormes ou remplissant de son orbe démesuré le dôme céleste. Saisie comme d'une étrange folie, elle marcherait d'éclipse en éclipse, ou, se roulant d'un flanc sur l'autre, elle découvrirait enfin cette autre face que la terre ne connaît pas. Les étoiles sembleraient frappées du même vertige, ce ne serait plus qu'une suite de conjonctions effrayantes : là, des astres passeraient avec la rapidité de l'éclair ; ici, ils pendraient, immobiles ; quelquefois se pressant en groupes, ils formeraient une nouvelle voie lactée ; puis, disparaissant tous ensemble et déchirant le rideau des mondes, suivant l'expression de Tertullien, ils laisseraient apercevoir les abîmes de l'éternité ! »

Ce sont de telles pages répandues à profusion, qui font du *Génie du Christianisme* un chef-d'œuvre incontesté, jeune et vivant sous toutes les littératures. Il n'en fallut pas davantage pour placer son auteur à la tête du mouvement intellectuel, et baser sa réputation d'une manière solide.

Voyez-le ! Une fois lancé dans la gloire comme dans un char de feu, il ira jusqu'au bout. Après avoir lutté avec la Bible dans le *Génie du Christianisme*, il luttera avec Homère dans les *Martyrs*. Ses poëmes, contre-poids des batailles, feront, eux aussi, le tour du monde, passant là où le canon aura passé. Bientôt il n'aura plus qu'un seul rival en renommée : l'Empereur.

L'Empereur ! — Voilà le nom qui fait pâlir et rêver Chateaubriand.

Chateaubriand ! — Voilà le nom devant lequel s'arrête l'Empereur, étonné.

On a souvent apprécié, et toujours diversement, la lutte de ces deux hommes. « En échangeant l'insulte, a dit un écrivain, ces deux ouvriers sublimes d'une même œuvre se mentaient à eux-mêmes. » Cela est vrai. Mais séparés tous deux, ils n'en ont pas moins travaillé à l'œuvre commune. Le conquérant militaire et le conquérant religieux suivaient un sillon parallèle, et plus souvent qu'eux-mêmes leurs idées se sont rencontrées face à face.

Appelez cela orgueil, appelez cela conviction, toutefois est-il qu'au milieu de cette époque éperdue, devant cet empereur qui s'est fait un pavé de fronts courbés, il est beau de voir un front debout, unique. Cela est grand, justement parce que c'est insensé. Cette plume aussi haute que ce glaive! cette démission éclatante qui arrive à cet homme un lendemain de meurtre! cette voix qui le poursuit sous sa pourpre neuve! ce gentilhomme qui brave ce soldat! On sait presque gré à Chateaubriand de son audace foudroyante; et ceux mêmes qui suivaient le plus aveuglément la fortune impériale, s'oubliaient quelquefois à admirer ce courage solitaire!

Idéologues! idéologues! voilà le mot que la rage arrache à l'empereur. C'est le mot désespéré d'un homme qui sent malgré lui que la plume a toujours raison contre le sabre, même lorsque la plume a tort. Idéologues! Et lui qui n'a jamais pardonné, mais qui devine vaguement que l'écrivain pèsera plus tard de toute sa faiblesse contre la force de l'empereur, le voilà qui cherche à étouffer sa haine et à tendre, sans qu'on le voie, une main furtive à l'auteur du *Génie du Christianisme*. Mais vainement.

Dès lors, toutes les avances du Corse auprès

du Breton resteront inutiles. Colères, ordres, menaces, rien ne fera sur lui. Au retour d'un voyage en Grèce, Chateaubriand cingle Napoléon d'un coup d'article au visage; il le peint dans les *Martyrs* sous les traits de Galérius ; il le frappe à travers l'ombre du régicide Chénier, il le menace même dans l'avenir. Puis, lorsque le colosse impérial gît à terre, il arrive avec sa fameuse brochure : *Buonaparte et les Bourbons*, et pose son pied sur la poitrine de celui qui avait voulu le faire *sabrer sur les marches de son trône.*

La plume ne pardonne pas.

Quelques mois plus tard, Chateaubriand suivait Louis XVIII dans la seconde émigration. René allait devenir ministre.

IV

Ministre ! c'est maintenant le rêve de tous ceux qui portent une plume au côté, l'épilogue obligé des existences illustres ; c'est l'apothéose et le martyre. Chateaubriand est arrivé au gouvernement par la force de son nom, de ses œuvres, de son caractère. Il est arrivé tout naturellement, et parce qu'il devait y arriver. Il était né ministre, comme il était né académicien.

En politique, La Fayette a engendré Chateaubriand, qui a engendré M. de Lamartine. — Mais la tâche de Chateaubriand fut moins rude que celle de tout autre. Il venait après une époque de secousse, il entra dans une période de lassitude. La France haletait sur un lit de lauriers mouillés de sang. Il n'eut absolument qu'à organiser le repos, après lequel aspirait le monde. Du haut de la Restauration on le voit donc rayonner à son aise, — mais c'est sur une nation déjà aveuglée par quinze ans de tonnerre et d'éclairs continus.

Aussi bien peut-être vaut-il mieux que la politique n'ait été qu'un intermède dans sa vie. L'homme de lettres en demeure plus entier de la sorte ; ses faiblesses d'action se perdent dans l'éclat unique de sa pensée. Un portefeuille n'est plus alors qu'une conséquence toute simple, et qui fait que Chateaubriand ministre complète seulement Chateaubriand gentilhomme et soldat.

Sa devise dans les affaires fut celle-ci : *Fais ce que dois, advienne que pourra.* Il est advenu sa chute, comme on sait. « J'ai cru voir le salut de la patrie dans l'union des anciennes mœurs et des formes politiques actuelles, du bon sens de nos pères et des lumières du siècle, de la vieille gloire de Duguesclin et de la nouvelle gloire de Moreau ; enfin dans l'alliance de la religion et de la liberté. Si c'est là une chimère, les cœurs nobles ne me la reprocheront pas. »

Non, sans doute, jamais il ne lui sera fait un crime du bien qu'il a voulu et qu'il n'a pas pu. Ses contradictions apparentes s'effacent dans la loyauté de ses intentions. « Le peuple ne lit pas les lois, a-t-il dit un jour ; il lit les hommes, et c'est dans ce code vivant qu'il s'instruit. » Eh bien ! en lisant Chateaubriand, le peuple a lu un bon et beau livre, écrit seulement avec trop de lyrisme, ce qui fait qu'il ne l'a pas compris à toutes les pages.

Le malheur est aussi que Louis XVIII ne l'ait pas gardé assez longtemps, quoiqu'il eût pu se donner avec lui et par lui des airs de libéralisme mitigé. Mais il était jaloux de M. de Chateaubriand, cet excellent monarque ! jaloux de ses talents, jaloux de sa popularité. Si bien qu'il prit aux cheveux la première occasion venue pour se débarrasser de ce ministre qui cachait trop le roi.

Sorti pauvre du gouvernement et forcé de vendre ses livres, Chateaubriand se réfugia sous la tente du journal. Il fonda le *Conservateur* en opposition à la *Minerve*. Ses collaborateurs, c'étaient MM. de Bonald, Lamennais, de Corbières et de Castelbajac. On y vivait dans la haine de M. Decazes, et tous les actes du ministère y étaient passés chaque matin au crible de l'esprit le plus serré. C'est de cette époque que datent les premières dents de la presse, muselée par Napoléon, démuselée par Chateaubriand. On peut le regarder avec raison comme le père du nouveau journalisme politique. Il est redevenu jeune pour cette guerre à bras raccourci et de tous les jours, jeune comme il ne l'avait jamais peut-être tant été. Sur ce terrain qui brûle, son style même acquiert une netteté nouvelle. Ce n'est plus seulement cette épée de parade richement ciselée à la poignée ; c'est un glaive robuste, beau de sa nudité. Tancrède est ici remplacé par Roland.

« La poésie est belle, dit-il quelque part; mais il faut éviter d'en mettre dans les affaires. » A défaut de poésie, M. le vicomte se rabat sur l'esprit, et alors il s'en donne à cœur joie. Talleyrand a dû lui envier ce mot: « Ce serait une chose utile de savoir combien il faudrait de sots ministres pour composer un ministère d'esprit; nous savons à merveille combien il faut de ministres d'esprit pour former un pauvre ministère. »

Toute sa polémique est dans ce goût. C'est une merveille de raillerie, de fougue, de témérité. On chercha vainement à l'étouffer sous deux ambassades, sous des honneurs, sous une pluie d'or. Impossible. Il allait son chemin, discutant les hommes et les choses avec cette passion fière qui est un des signes distinctifs de sa phase politique. S'il lui arrivait de pencher l'oreille et d'écouter ce qui se disait de lui autour de lui, sa réponse avait de ces hauts dédains qui font le respect autour d'eux. Tout se taisait sur le parcours de son regard. « Nous le savons, les vérités que nous disons blessent. On veut dormir au bord de l'abîme. Après tant de révolutions, on regarde comme des ennemis ceux qui avertissent des nouveaux dangers. La voix qui nous réveille est importune; et il est reconnu qu'il n'y a que des hommes passionnés ou trompés dans leur ambition, qui trouvent que tout va mal, lorsqu'il est évident que tout va bien. »

Il ne faut pas s'étonner après cela si l'on fut obligé de lui ouvrir bientôt la porte de l'*hôtellerie* des Capucines, — comme il l'appelait, — et s'il revint une seconde fois éclipser Louis XVIII sur son trône.

Chateaubriand ministre a ses côtés sympathiques comme Chateaubriand écrivain. En politique comme en littérature, on est sûr de le retrouver à la tête de toutes les initiatives généreuses. C'est ainsi que, pamphlétaire ou gouvernant, il n'a jamais cessé de réclamer pour la liberté de la presse. A sa voix, Milton se lève et dit: « Tuer un homme, c'est tuer une créature raisonnable; tuer un livre, c'est tuer la raison, c'est tuer l'immortalité plutôt que la vie. Les révolutions des âges souvent ne retrouvent pas une vérité rejetée, et faute de laquelle les nations entières souffrent éternellement. »

D'autres fois, Chateaubriand parle en son nom : « Qui souffre donc de la liberté de la presse ? La médiocrité et quelques amours-propres irascibles. Mais dans le dernier cas, quand la susceptibilité se trouve unie au talent, c'est encore un bien pour l'État que cette susceptibilité, mise à l'épreuve, s'aguerrisse par le combat. »

Puis suit la leçon, leçon sévère, tombée de haut: « L'abîme appelle l'abîme: le mal qu'on a fait oblige à faire un nouveau mal, on soutient par amour-propre les ignorances où l'on est tombé par défaut de lumière... »

Et enfin l'arrêt, l'arrêt sans appel : « Tout considéré, nous ne voyons que le crime, la bassesse et la médiocrité qui doivent craindre la liberté de la presse; le crime la repousse comme un échafaud, la bassesse comme une flétrissure, la médiocrité comme une lumière. Tout ce qui est sans talent recherche l'abri de la censure; les tempéraments faibles aiment l'ombre. »

Ne dirait-on pas ces lignes écrites d'hier, d'aujourd'hui, de ce matin ?

Considéré comme homme d'État, Chateaubriand se dérobe à tout jugement. Sa politique est variable comme sa vie. L'honnêteté est son principe. Il ne sait que cela. Ne lui demandez donc point ce qu'il est, où il va, ce qu'il veut. Je ne crois pas qu'il le sache bien lui-même. Dans sa brochure sur le *Bannissement de Charles X et de sa famille*, il dit qu'il est « monarchiste par raison, bourboniste par honneur *et républicain par nature.* »

Une lettre particulière, que M. Augustin Thierry a bien voulu me faire communiquer[1], montre également cette sympathie pour une république possible, — république qu'il voyait s'avancer vers lui à grands pas, république qui l'effraye et qui l'attire. Déjà il écrivait, lors de l'assassinat du duc de Berry : « Il s'élève derrière nous une génération impatiente de tous les jougs, ennemie de tous les rois ; elle rêve la république... Elle s'avance, elle nous presse, elle nous pousse ; bientôt elle va prendre notre place ! » Cinq ans plus tard, son implacable doigt traçait le même avertissement : « Le monde chancelle, on le mène, il va à la république ; nous l'avons dit, nous le répétons ! » A cet endroit, je me suis rap-

1. « Si la France s'était formée en république, je l'aurais suivie, car il y aurait eu raison et conséquence dans le fait ; mais échanger une couronne conservée au trésor de Saint-Denis contre une couronne ramassée... cela ne vaut pas la peine d'un parjure. »

pelé *Hamlet*, lorsqu'il s'écrie : *Le fantôme ! le fantôme !...*

L'écroulement du trône des Bourbons fut pour Chateaubriand le signal de la retraite. Dès lors, isolé du mouvement politique, il ne laissa plus échapper de ses lèvres, à des intervalles lointains, que ces sombres prédictions qui tombaient sur notre époque avec le bruit sec et persistant d'une goutte d'eau qui creuse une pierre. — Il ne faut pas s'y tromper, ses prédictions ont réellement un caractère de merveilleux qui fait rêver. C'est de la seconde vue.

Ce phénomène s'est représenté à diverses époques de son existence ; et c'est ainsi qu'on le voit, à travers vingt-neuf ans de distance, prédire avec une effrayante exactitude les choses de 1848 : « Nous ne doutons point que l'Europe ne soit menacée d'une révolution générale. Mais les insensés qui poussent à cette destruction se flattent peut-être en vain d'atteindre leurs chimères républicaines. Les peuples européens, comme tous les peuples corrompus, passeront sous le joug militaire : un sabre remplacera partout le sceptre légitime. »

Cette même idée revient dans la *Réponse aux*

journaux sur son refus de servir le nouveau gouvernement: « Il ne peut résulter, dit-il, des journées de juillet, à une époque plus ou moins reculée, que des républiques permanentes ou des gouvernements militaires passagers que remplacerait le chaos. »

Avertissements étranges ! voix éloquente et sinistre, que l'on n'a pas assez écoutée !

Arrêtons-nous. Ces fragments portent avec eux trop de découragement et une tristesse trop profonde. Nous préférons revenir à ce qu'il disait en 1830 : « Que la France soit libre, glorieuse, florissante, n'importe par qui et comment, je bénirai le ciel ! »

V

Lorsqu'il fut de retour de cette campagne à travers la politique, il s'enferma à double tour dans la publication de ses œuvres complètes, et n'en bougea plus. Nous ne prendrons pas corps à corps chacun de ses livres pour en discuter le mérite. Ce travail demanderait, pour être développé suffisamment, une trop vaste échelle. Nous tâcherons de rappeler seulement en quelques mots les principaux titres de Chateaubriand.

L'*Itinéraire de Paris à Jérusalem* est un bon livre qui va à tout le monde, parce qu'il est rempli de poésie et de science, et qu'au bout du compte il apprend une grande quantité de faits intéressants. Ces livres-là, où il y a de tout et où chacun trouve ce qui lui plaît, ne doivent pas être dédaignés, quoiqu'ils soient écrits sans aucune sorte de plan, avec des réminiscences et au hasard de la compilation. L'*Itinéraire* nous semblerait encore meilleur si, trop souvent, — et ceci est un reproche grave, — Chateaubriand ne se laissait influencer par les souvenirs historiques. Un paysage n'a de prix à ses yeux que lorsqu'il a été célébré dans un poëme; et lorsqu'il parcourut le monde, il le fait trop évidemment comme un gentleman, son *Guide* à la main, Xénophon ou Josèphe, après avoir averti le conducteur de le réveiller à la page marquée d'une corne. Ne lui parlez pas des Cévennes, elles n'ont rien qui l'émerveille, ce sont des montagnes qu'on ne rencontre guère dans la Bible et dans la mythologie, elles sont belles seulement par elles-mêmes; céla ne suffit point. Passez, chaumières inconnues, saules tordus sur des abîmes sans nom, ruisseaux qui n'avez inspiré personne ; Chateaubriand ne tient pas à vous voir!

C'est mal. La nature ne tire pas sa beauté rien que des hommes. Il devrait mieux s'en souvenir, l'auteur de *René*. Dans son voyage à Jérusalem, le hasard lui a joué des tours malins et qui auraient dû restreindre son amour pour le pompeux. La vie ordinaire ne perd jamais ses droits, et malgré lui on la voit qui perce et qui jure à travers son lyrisme prévu. Déjà chez les Iroquois il avait rencontré un marmiton qui faisait danser le menuet à *ces messieurs sauvages et à ces dames sauvagesses.* Dans une des Cyclades, à une noce de village où il assista, il entendit chanter en grec, par mademoiselle Pengali, fille du vice-consul de Zéa, la fameuse romance: *Ah! vous dirai-je, maman!* Peu de temps après, il tombe à Tunis, au milieu du carnaval, dans une folle compagnie d'officiers qui l'entraînent au bal et qui le forcent à *s'habiller en Turc.* — Chateaubriand en Turc! Qu'a dû en penser M. de Fontanes, juste ciel!

Les *Natchez* ont eu le tort d'arriver après les *Martyrs*, quoiqu'ils fussent composés bien antérieurement. Ils complètent, avec le *Voyage en Amérique*, la série des précieuses études de l'écrivain sur le Nouveau-Monde, et renferment des descriptions, malheureusement mêlées à des discours de Satan et à des dissertations sur l'impôt. C'est du sauvage un peu à la manière de Saint-Lambert dans le conte des *Deux Amis*, et de Parny dans ses poésies madécasses[1]. D'autres tableaux cependant, celui de la moisson de la folle avoine et celui de la mort de René, révèlent la touche du maître.

Un peu moins de sécheresse dans les lignes eût peut-être assuré un succès durable au

1. Le voyage à la cour de Louis XIV et surtout l'épisode du Natchez à une représentation de la Comédie-Française, seront toujours difficilement approuvés des critiques. — Le Natchez entre au théâtre, un soir que l'on joue *Phèdre*. Il s'assied, et voici comment il traduit ses impressions au lever du rideau :

« Une *cabane*, soutenue par des colonnes, se découvre à mes regards. La musique se tait; un profond silence règne dans l'assemblée. Deux guerriers (Hippolyte et Théramène), l'un jeune, l'autre déjà atteint par la vieillesse, s'avancent

Dernier des Abencerrages, qui pèche justement par des défauts inusités à son auteur, c'est-à-dire par la sobriété et par l'absence de description. De la part de Chateaubriand, on s'attendait à mieux que *Gonzalve de Cordoue*, — et il faut croire sans doute qu'il pleuvait à Grenade le jour qu'il y est passé.

Publiés à de plus rares distances, les *Études historiques*, célèbres par leur préface, l'*Essai sur la littérature anglaise*, et l'histoire de *Rancé*, achèvent l'ensemble de ses travaux.

Composé aux heures sereines de sa vieillesse, l'*Essai sur la littérature anglaise* contient des fragments intimes et des retours de la plus délicieuse rêverie. Il semble que ce ne soit plus le même homme qui parle. Les côtés inconnus de son talent se dévoilent; et, abandonné comme à la dérive de son inspiration, il raconte les choses les plus familières de sa tête et de son cœur, avec un sourire

sous le portique. Je ne suis qu'un sauvage; mais malgré ma rudesse native, je ne saurais dire quel fut mon étonnement lorsque les deux héros vinrent à ouvrir leurs lèvres au milieu de la cahute muette. Je crus entendre la musique du ciel; c'était quelque chose qui ressemblait à des airs divins. Vaincu par mes souvenirs, par la vérité des peintures, par la poésie des accents, les larmes *descendirent en torrent* de mes yeux. Mon désordre devint si grand *qu'il troubla la cabane entière...* »

attendri. Nous nous en voudrions de ne pas reproduire ce passage sur les correspondances d'amour, vrai, ému, pris sur nature, et qui est autant en dehors de son style habituel que les *Martyrs*, par exemple, le sont du style de madame de Sévigné :

« D'abord les lettres sont longues, vives, multipliées, le jour n'y suffit pas, on écrit au coucher du soleil ; on trace quelques mots au clair de la lune, chargeant la lumière chaste, silencieuse, discrète, de couvrir de sa pudeur mille désirs. On s'est quitté à l'aube ; à l'aube on épie la première clarté pour écrire ce que l'on croit avoir oublié de dire dans des heures de délices. Mille serments couvrent le papier où se reflètent les roses de l'aurore ; mille baisers sont déposés sur les mots brûlants qui semblent naître du premier regard du soleil. Pas une idée, une image, une rêverie, un accident, une inquiétude qui n'ait sa lettre.

« Voici qu'un matin quelque chose de presque insensible se glisse sur la beauté de cette passion, comme une première ride sur le front d'une femme adorée. Le souffle et le parfum de l'amour expirent dans ces pages de la jeunesse, comme une brise s'alanguit le soir sur des fleurs : on s'en aperçoit, et l'on ne veut pas se l'avouer. Les lettres s'abrégent, diminuent en nombre, se remplissent de nouvelles, de descriptions, de choses étrangères ; quelques-unes ont retardé, mais on est moins inquiet; sûr d'aimer et d'être aimé, on est devenu raisonnable, on ne gronde plus, on se soumet à l'absence. Les serments vont toujours leur train ; ce sont toujours les mêmes mots, mais ils sont morts : l'âme y manque. *Je vous aime* n'est plus là qu'une expression d'habitude, un protocole obligé, le *J'ai l'honneur d'être* de toute lettre d'amour. Peu à peu le style se glace ou s'arrête. Le jour de poste n'est plus impatiemment attendu, il est redouté; écrire devient une fatigue. On rougit en pensée des folies que l'on a confiées au papier, on voudrait pouvoir retirer ses lettres et les jeter au feu. Qu'est-il survenu ? Est-ce un nouvel attachement qui commence, ou un vieil attachement qui finit? N'importe ; c'est l'amour qui meurt avant l'objet aimé. »

VI

Rien de calme et de beau comme le poëme de ses dernières années. Un fauteuil au coin de la cheminée de madame Récamier, la solitude de son jardin, quelques voyages à Holyrood et à Venise, c'est tout. Et puis aussi cet autre grand voyage en lui-même, à travers son passé et dans ses œuvres, ce voyage appelé les *Mémoires d'Outre-Tombe*.

C'est à ce dernier ouvrage, couronnement de son édifice, qu'il a consacré le reste de ses jours. Rien n'a pu désormais le faire rentrer dans les affaires publiques, ni les prières de ses amis, ni cette chanson de Béranger, que toute la France a sue par cœur [1]. Sans doute qu'il sentait alors venir vers lui les temps

1. Chateaubriand, pourquoi fuir ta patrie,
Fuir son amour, notre encens et *nos soins?*
N'entends-tu pas la France qui s'écrie :
Mon beau ciel pleure une étoile de moins!

d'orage que nous traversons, et que, n'ayant plus d'espoir que dans le Christ, il désespérait de toutes forces humaines, — même des siennes.

Aussi quelquefois, du fond de sa vieillesse, il lui prend de singulières amertumes, des accès de goutte littéraire pour ainsi dire; il gémit, il se désole, parce que *la démocratie est entrée enfin dans la littérature, ainsi que dans le reste de la société*. Or, lui ne veut pas de la démocratie. « On ne reconnaît plus de maîtres et d'autorités, on n'accepte plus d'opinions faites, le libre examen est reçu *au Parnasse.* » Or, lui ne veut pas du libre examen. Il se plaint de l'envie qui s'attache aux grands noms, des gloires que l'on déprécie, des réputations qu'on dénigre, — injuste en cela pour toute une époque qui l'a entouré d'un respect vraiment unique. Il raille l'école de 1830, il

Va, sers le peuple, en butte à leurs bravades,
Ce peuple humain, des grands hommes épris,
Qui t'emportait vainqueur aux barricades,
Comme un trophée, entre ses bras meurtris.

Ne sers que lui. Pour lui ma voix te somme
D'un prompt retour après un triste adieu;
Sa cause est sainte; il souffre, et tout grand homme
Auprès du peuple est envoyé de Dieu.

se moque trop cruellement peut-être des jeunes gens *qui se tuent pour attirer l'attention publique*. Mais ce ne sont là, par bonheur, que des ombres momentanées sur son talent et sur son noble caractère.

La vieillesse, pas plus que la maladie, n'a pu mordre sur ce génie robuste. Il a travaillé jusqu'à son dernier jour, il a dicté jusqu'à sa dernière heure. Dans une préface, il parle de l'opiniâtreté particulière à sa nature. « Lors de ma jeunesse, dit-il, j'ai souvent écrit douze et quinze heures sans quitter la table où j'étais assis. L'âge ne m'a point fait perdre cette obstination au travail. Ma correspondance diplomatique au ministère est presque toute de ma main. »

A qui le regarde bien en face, Chateaubriand apparaît dans le XIXe siècle comme le contrepoids de Voltaire dans le XVIIIe. Même universalité dans le travail, même courage dans la lutte. Chacun des ouvrages de Chateaubriand attaque, serre de près et soufflette un ouvrage correspondant de Voltaire. Depuis cinquante ans, en effet, pas un pouce de terrain que l'auteur du *Génie du Christianisme* n'ait disputé à l'auteur du *Dictionnaire philosophique*, pas un sentier dans lequel il ne se soit engagé avec lui. C'est un duel de toutes les heures à travers l'histoire, le roman et la philosophie.

Il est un des quatre grands hommes qui ouvrent l'époque moderne. Plus enthousiaste que Walter Scott, moins exclusif que Byron, il est presque de la taille de Gœthe. Il a remis en honneur la littérature à images; et c'est de lui que datent ces romans artistes où le style cherche à rivaliser avec la peinture et la sculpture, voire même avec la musique, curieuses productions, signées Balzac-Rubens, Gautier-Canova ou Liszt-Janin.

Mais notre travail serait incomplet si, après avoir détaché d'un fond d'or la tête pensive du grand vieillard, après l'avoir assis sur un nuage d'encens, après l'avoir salué éternel et sublime, nous ne dévoilions également ses côtés humains, ses erreurs et ses défaillances. Peser sur le coup de ciseau hasardeux donné à l'Apollon du Vatican, c'est encore une manière de louer l'harmonie inaltérable du reste du corps. Tout génie doit sa dîme à la critique, si rayonnant que soit l'un, si modeste que soit l'autre; — et l'ombre illustre que j'évoque aujourd'hui serait elle-même la première à s'indigner d'un éloge qui ne saurait marcher que sur les genoux.

D'ailleurs la critique ne sera pas pour lui chose nouvelle. Il est un de ceux qui ont le plus entendu grincer de plumes autour de leur renommée. Ses ennemis littéraires lui font cortége; et avec cette naïveté de grandeur qui le caractérise, lui-même a voulu leur donner accès dans l'édition de ses œuvres complètes.

A leur tête, le plus fougueux et le premier, je distingue le grand républicain de l'Empire, Marie-Joseph Chénier. Vers et prose, analyse et satire, tout lui a été bon pour accabler Chateaubriand ; il n'est pas une page de ses œuvres où il ne le frappe malicieusement, le plus souvent sans raison, comme dans son *Tableau de la Littérature*, quelquefois avec esprit, comme dans les *Nouveaux Saints* :

J'irai, je reverrai tes paisibles rivages,
Riant Meschacebé, Permesse des sauvages;
J'entendrai les sermons prolixement diserts
Du bon monsieur Aubry, Massillon des déserts.
O sensible Atala! tous deux avec ivresse
Courons goûter encor les plaisirs... de la messe!

On sait que Chateaubriand ne lui a pas pardonné ses plaisanteries. Aussi Marie-Joseph Chénier est-il le seul académicien de ces temps modernes à qui son successeur ait refusé l'aumône d'un regret. — Peut-être est-ce pousser la rancune un peu loin.

Soit jalousie, soit tout autre sentiment, Byron n'a jamais soufflé mot de l'auteur de *René*. De la part du noble lord, c'est au moins étrange. Chateaubriand n'en a pu complétement dissimuler son dépit. « Lord Byron, dit-il, peut-il m'avoir complétement ignoré, lui qui cite presque tous les auteurs français? n'a-t-il jamais entendu parler de moi? »

Paul-Louis Courier, — ce Meissonier de la politique, — ne l'aimait pas non plus, et il lui a plusieurs fois enfoncé dans les chairs de méchants petits coups de poignard à tête d'épingle. Il a appelé ses romans du *galimatias*, et il s'est moqué de son ministère. De l'auteur du *Pamphlet des pamphlets* à l'auteur des *Martyrs*, cela se conçoit; c'est une guerre de colibri à lion.

Mais M. Gustave Planche a été plus brutal que cela. Voici comment il parle de Chateaubriand dans son livre des *Portraits* : « Critique de second ordre dans le *Génie du Christianisme*, voyageur inexact et verbeux dans l'*Itinéraire*, imitateur patient, mais *inutile*, de Virgile et d'Homère dans les *Martyrs* et les *Natchez.* » M. Planche ne reconnaît que *René* et l'épisode de Velléda. — Juger de la sorte, n'est-ce pas faire le procès aux gens avec une massue?

Telles sont, je crois, les critiques principales qui sont venues l'atteindre dans sa gloire [1]. Si maintenant nous cherchons une réponse à leur faire, c'est dans Chateaubriand même que nous allons la trouver, — et la voici : « On renie souvent les maîtres suprêmes, on se révolte contre eux, on compte leurs défauts, on les accuse d'ennui, de longueur, de bizarrerie, de mauvais goût, en les volant et en se parant de leurs dépouilles ; mais on se débat en vain sous leur joug : tout se teint de leurs couleurs, partout s'impriment leurs traces; ils inventent des mots et des noms qui vont grossir le vocabulaire général

1. Depuis la publication de ce travail, et depuis la publication des *Mémoires d'Outre-Tombe*, bien des critiques nouvelles sont venues s'ajouter à ces critiques. On s'est déchaîné avec un acharnement inconcevable contre ces immortels *Mémoires*, le livre le plus jeune, le plus magnifique, le plus profond qui ait éclaté à cette époque. On n'a pas voulu excuser beaucoup de vanité en faveur de beaucoup de génie.

des peuples ; leurs dires et leurs expressions deviennent proverbes, leurs personnages fictifs se changent en personnages réels, lesquels ont hoir et lignée. Ils ouvrent des horizons d'où jaillissent des faisceaux de lumière ; ils sèment des idées, germes de mille autres ; ils fournissent des imaginations, des sujets, des styles à tous les arts. Leurs œuvres sont des mines inépuisables ou les entrailles mêmes de l'esprit humain. »

Cela posé, — qu'on nous permette maintenant de substituer notre opinion à celle de nos devanciers.

Selon nous, c'est surtout comme figure que Chateaubriand resplendit sur son siècle. La grandeur de sa vie apparaît avant celle de son talent, son nom vient avant ses livres. Il est lui-même un homme-épopée. On l'aperçoit de très-loin, et le respect lui arrive avant l'admiration.

Aussi, longtemps encore peut-être sera-ce *M. de Chateaubriand*, avant d'être Chateaubriand tout court. Longtemps encore peut-être ce sera la majesté, avant d'être la force.

La majesté ! — voilà son grand et superbe crime. Génie épique et théâtral, il lasse l'admiration. Pour lui, la rue du Bac n'a pas de ruisseau. C'est un Murat, ce pouvait être un Napoléon.

Il n'a guère innové qu'à demi. Sa littérature est la littérature du XVIIIe siècle retrempée chez les sauvages. Les *Incas* avaient déjà frayé le chemin, et l'on se souvient trop peut-être que Chactas a vu Versailles et qu'il a assisté aux tragédies de Racine.

Ce n'est pas avec peu de chose que Chateaubriand compose son paysage; Poussin lui a donné des leçons. Il lui faut des colonnes à demi brisées, un clair de lune, des urnes cinéraires; et, par-dessus tout cela, le *génie des souvenirs, assis pensif à ses côtés.*

Cette recherche du grandiose le conduit quelquefois à des excès contre lesquels on ne saurait trop se tenir en garde. Je n'en veux pour seul et funeste exemple que ce coucher de soleil: « L'astre enflammant les vapeurs de la cité semblait osciller lentement dans un fluide d'or, comme le pendule de l'horloge des siècles ! » Évidemment les poëtes extravagants du XVIe siècle n'auraient pas mieux dit.

« Peu m'importe l'action, écrit-il dans la préface des *Martyrs*; elle n'est qu'un prétexte à descriptions. » — Hélas ! pourquoi le ciel mit-il La Harpe sur sa route, ainsi que M. de Fontanes, *le Simonide français?*

Il n'est pas de l'avis de Voltaire, qui disait que les bons ouvrages sont ceux qui font le plus pleurer. « Les vraies larmes, dit Chateaubriand, sont celles que fait couler une belle poésie ; il faut qu'il s'y mêle autant d'admiration que de douleur. » Ce malheureux système apparaît jusque dans *René*, au moment où le frère d'Amélie, qui vient de recevoir comme un coup de foudre l'aveu d'un amour criminel, trouve encore assez de force pour arrondir immédiatement la période suivante : « Chaste épouse du Christ, reçois mes derniers embrassements *à travers les glaces du trépas* et les profondeurs de l'éternité qui te séparent déjà de ton frère ! »

La majesté ! Chateaubriand lui a tout sacrifié ; aussi son génie, spécial et constant dans sa pompe, n'est-il pas de ceux qui vont à tous, comme Shakspeare par exemple, l'homme des palais et des tavernes, des rois et des ivrognes, grand avec les grands, familier avec les petits, puissant avec chacun ; — Shakspeare, dieu qui parle le langage des hommes; Chateaubriand, homme qui parle le langage des dieux.

Chateaubriand appelait *Hamlet* — cette *tragédie des aliénés.*

Comment Shakspeare eût-il appelé *Moïse*, cette tragédie de Chateaubriand ?

Car il faut bien le dire, comme poëte, Chateaubriand est nul ou à peu près. Sauf une cinquantaine de vers, je ne crois pas qu'il lui soit jamais tenu compte de son pindarique bagage. Pourrait-il en être autrement, lorsqu'on le voit s'appuyer sur une théorie aussi fausse que celle qu'il développe dans les lignes suivantes: « La poésie a ses bornes dans les limites de l'idiome où elle est écrite et chantée: on peut faire des vers autrement que Racine, jamais mieux. » Voici pourtant quelques strophes peu connues de *Moïse,* ses meilleures incontestablement, bien qu'il les ait supprimées plus tard par un sentiment de décence:

Que dit à son amant, de plaisir transporté,
Cette prêtresse d'Astarté
Qui voudrait attirer le jeune homme auprès d'elle,
Et lui percer le cœur d'une flèche mortelle ?

— Beau jeune homme, dit-elle, arrête donc les yeux
Sur la tendre Abigail, que ta froideur opprime.

Je viens d'immoler la victime,
Et d'implorer la faveur de nos dieux.
Viens, que je sois ta bien-aimée.
J'ai suspendu ma couche en souvenir de toi;
D'aloès je l'ai parfumée :
Sur un riche tapis je recevrai mon roi.
Dans l'albâtre éclatant la lampe est allumée;
Un bain voluptueux est préparé pour moi.

L'époux qu'on m'a choisi, mais qui n'a pas mon âme,
Est parti ce matin pour ses plants d'oliviers;
Il veut écouler ses viviers;
Sa vigne ensuite le réclame.
Il a pris dans sa main son bâton de palmier,
Et mis deux sicles d'or dans sa large ceinture;
Il ne reviendra point que de son orbe entier
L'astre des nuits n'ait rempli la mesure.

« Quand l'âme est élevée, dit le fier vicomte, les paroles tombent d'en haut, et l'expression noble suit toujours la noble pensée. » Certes, ce n'est pas nous qui protesterons contre cette admirable poétique en trois lignes; mais là où la pensée n'a que faire, alors que le récit ou la description suit doucement sa pente naturelle, à quoi bon la solennité de la phrase, l'éternelle aristocratie du mot? Quoi! toujours le *marinier* pour le marin, *l'astre des jours* pour le soleil? L'auteur des *Natchez*, que son grand respect pour la rhétorique oblige à reconnaître les trois styles, oublie donc que le premier d'entre eux est précisément le style simple, et que c'est là surtout le style fort, parce que c'est le style vrai ?

Mon Dieu ! de ce qu'il n'a pas fait de littérature avec les notaires, les femmes publiques ou les escrocs, nous ne lui en voulons pas. Nous lui en voulons uniquement de ce que, chantant le marbre et la Grèce, il ne l'ait pas fait en style d'autant plus simple que le sujet était plus riche. Poétisez la réalité, c'est bon ; mais alors réalisez la poésie. Il en est du génie comme d'Antée qui reprenait des forces en touchant la terre.

Aussi rien de plus adorable que les haltes rares de Chateaubriand dans le simple et dans le naïf. Combien de pages ne donnerais-je pas pour ce bout de chanson composé entre deux chapitres des *Martyrs*, petite fantaisie gracieuse, perle ramassée au pied d'un dolmen :

Combien j'ai douce souvenance
Du joli lieu de ma naissance !
Ma sœur, qu'ils étaient beaux les jour
De France !

Te souvient-il que notre mère,
Au foyer de notre chaumière,
Nous pressait sur son cœur joyeux.
Ma chère ?

Pour moi, Chateaubriand existe surtout dans ses préfaces, c'est-à-dire presque en dehors de ses livres, dans ses lettres intimes, et, comme nous l'avons dit déjà, dans son style politique [1], partout enfin où il n'a pas le temps de boucler sa phrase, où il oublie Aristote et Boileau, où il improvise, où il se surprend à être lui malgré lui.

Pour l'avenir, il existera surtout dans ses *Mémoires*.

Au couchant de sa vie, une grave transformation s'est opérée dans son talent. Je dis grave et curieuse. C'est à soixante ans que lui est venue la jeunesse. C'est au bord de la tombe que cet austère penseur qui, à coup sûr, n'a jamais souri, s'est pris soudainement à rire aux éclats, du grand rire de Callot, de Montaigne, de Le Sage, et quelquefois aussi de Voltaire. Sa muse, au sortir de quelque fontaine de Jouvence inconnue, tout à l'heure déesse, nous est réapparue jeune fille couronnée de bleuets. C'était Junon ; ce n'est plus

1. Sur ce terrain il a de très-beaux mots. Ainsi, dans ses attaques contre les terroristes, il les nomme des *architectes en ossements*. Et un peu plus loin : « Manufacturiers de cadavres, vous aurez beau broyer la mort, vous n'en ferez jamais sortir un germe de liberté ! »

que Lydie ou Camille, une nymphe quelconque, la première venue.

Entre son œuvre passée et son œuvre actuelle, entre les *Martyrs* et les *Mémoires*, je vois une grande différence.

L'œuvre passée de Chateaubriand, ensemble harmonieux, m'apparaît comme un palais de marbre au milieu d'une forêt. Tout y est enchantement et magnificence. Des voix mystérieuses résonnent au dedans, des parfums enivrants s'exhalent au dehors. Chaque fenêtre ouvre sur un horizon de feuillage brûlant, sur un parc profond et rempli de statues, sur un coteau qui ploie sous les pampres. C'est un très-beau palais. Seulement un cercle de grilles l'emprisonne, des sentinelles en défendent l'approche à plus d'une demi-lieue à la ronde, et, pour y pénétrer, il ne faut pas moins de sept ou huit quartiers de noblesse.

L'œuvre posthume de Chateaubriand, — c'est-à-dire les *Mémoires*, — offre bien encore, si l'on veut, l'aspect d'un palais ; mais déjà ce n'est plus du marbre, c'est bel et bonnement de la pierre. La splendeur froide de l'architecture grecque a fait place à l'épanouissement original de l'art gothique. Un pan de la forêt a été abattu, et de ce côté le regard plonge dans le dédale fourmillant des rues de la ville. Les grilles rebelles se sont ouvertes, les gardes ont reçu une autre consigne; et bourgeois, paysans, peuple, femmes, ceux qui sont des gentilshommes et ceux qui ne sont que des hommes, les savants et les écoliers, tout le monde enfin entre librement. Lazare lui-même est assis sur la plus haute marche du portail.

VII

Chateaubriand nous a dévoilé l'avenir de la politique ; — essayons de jeter un coup d'œil sur l'avenir des lettres. Pour tout homme qui se met sur la trace du mouvement intellectuel depuis quelques années, il est évident que nous touchons à une crise littéraire et à une transformation importante des opinions reçues.

Voilà que notre littérature, en moins de soixante ans, a déjà passé par les cribles successifs de trois révolutions. La première, la grande de 1789, a donné des résultats d'une puissance incontestable et souvent effrayante. D'abord elle a fait descendre quatre à quatre aux écrivains les degrés de l'Encyclopédie, et elle les a logés dans la rue, où bientôt, ahuris et chétifs, ils sont morts sans postérité. Alors ceux qui se sont levés derrière ont été de bien autres hommes. Littérateurs fauves, on ne sait d'où venus, sans tradition, jouant de la guitare sous la potence ou décrivant des scènes d'égorgement dans des châteaux, ils ont fait école neuve. Si bien qu'il y a eu pour eux lecture et succès, même aux jours les plus affreux. Ceux-là ont parlé au peuple ; seulement, ils lui ont mal parlé ; mais la tendance était bonne. Ils ont compris que, jusqu'à présent, on n'avait pas pris garde à la plus grande portion du public. De voir des livres qui ont la prétention de s'adresser à tous, écrits comme le *Bonheur* de M. Helvétius, cela leur a fait lever les épaules, et ils se sont mis à procéder d'autre façon. Malheureusement, ils ont dépassé le but : au lieu d'être simple, leur style a été bas. Ils sont entrés chez le peuple, non par la porte, mais par l'égout.

Cette littérature grossière de la première révolution a servi du moins à répandre certaines idées vives, qui étaient encore dans l'œuf. De considérables agrandissements ont été faits sur les fiefs de l'imagination : on a percé des chemins et ouvert de nouvelles séries aux hommes de lettres, par l'adjonction d'éléments nouveaux. La plume dès lors n'a plus bronché devant les sauvageries de la vie réelle. Peu à peu Mercier a fini par voir comprendre son drame de la *Brouette du Vinaigrier*. Tout ce fumier, largement étendu sur le champ littéraire, devait produire tôt ou tard un épanouissement de hautes plantes.

Cet épanouissement est advenu aux environs de la deuxième révolution, — celle de juillet 1830 — qui restera comme une date brillante dans l'histoire de l'art en général. Le sol s'est mis à pousser des fleurs très-curieuses, d'extraordinaires enlacements de lianes et quelques arbres phénomènes pour lesquels on eut besoin d'inventer une serre romantique. Les poëtes étaient tous des jeunes gens, décidés et convaincus, la plupart exclusivement passionnés, qui marchaient serrés dans leurs folies, avec l'insolence de la verve et le courage né des circonstances politiques. Ils ont étonné avant de plaire. Mais enfin comment ne pas se rendre à cette littérature qui sonne si fort de la trompette et qui affiche son talent sur tous les murs en lettres dorées? Il y avait d'ailleurs du bon dans cette mascarade, sortie copieuse et flambante des sépulcres soulevés de Rabelais, Shakspeare, Mathurin Régnier et Sterne; cela replaçait la littérature dans un milieu seigneurial et bruyant, à l'écart de la philosophie sur les autels de qui s'étaient succédé précédemment de trop nombreux sacrifices.

La révolution de 1830 a surtout grandi le roman. Il y a eu progrès sur l'école de la République, progrès et complément. La forme s'est purifiée, tout en gardant sa franchise, et a conquis à elle les classes bourgeoises. Des gens sont arrivés, tels que Balzac, Soulié et George Sand, qui ont fait crier la vie dans leurs livres; d'où est venue cette importance sociale accordée au roman. De grands succès ont été obtenus par des œuvres douces, en apparence vulgaires, comme *César Birotteau*, l'histoire d'un parfumeur; comme *André*, où un père est sur le point de donner des coups de pied dans le ventre à une fleuriste; comme encore le *Lion amoureux*, baliverne pleine de larmes. Quelques-uns de ces succès ont été lents et souterrains, mais l'effet n'en demeure pas moins très-grand.

D'autres succès, plus retentissants mais plus passagers, ont pu être obtenus à côté. Cela ne prouve rien. Seulement c'est affaire de curiosité ou d'actualité pour ces énormes machines en tant de volumes, montées sur l'affût de quelque question à l'ordre du jour. Là dedans, rien n'a jamais inquiété la littérature vraie.

La troisième révolution est celle par où nous passons aujourd'hui. Elle n'a pas encore donné sa formule littéraire. Attendons [1]. Les résultats qu'elle prépare seront importants et mieux décisifs. Certainement il est impossible d'exclure les genres en littérature et de ne pas admettre les tempéraments; insensé est l'absolutisme en pareille matière. Tel romancier a raison de se vouer à des récits d'Espa-

1. Encore une fois, qu'on me permette de rappeler la date ancienne de cette publication.

gne et de Cordoue, si sa nature l'y porte avec irrésistibilité; tel autre fait bien de ne voir qu'éléphants et tigres sur la surface du globe, s'il sait mal décrire une brebis ou une vache. Mais ce qui fait par malheur la fragilité de leurs conceptions, c'est le manque total de *sérieux;* on connaît maintenant leurs procédés, et tout le monde lit dans leurs cartes. — Le sérieux ! Hoffmann ne l'a jamais perdu dans ses belles extravagances.

Nous ne savons pas au juste ce que sera la nouvelle génération littéraire; mais par les leçons que lui font les événements et par les exemples de grandeur et de décadence qu'elle a sous les yeux, il est permis d'espérer qu'elle se présentera avec des qualités saines et un sens droit.

En littérature, — la première révolution a donné la force. La seconde révolution, l'éclat. La troisième révolution donnera peut-être la vérité.

MADAME RÉCAMIER

Après lui, elle.

Rue de Sèvres, à l'ancien couvent de l'Abbaye-au-Bois, il y a deuil et grand désert. Les arbres ont beau pousser des feuilles, les feuilles ont beau pousser des oiseaux, rien ne répond plus à cette gaieté du printemps. Un souffle funeste a passé sur le monastère. Demeurez closes, fenêtres ombragées ; rideaux bleuâtres, ne vous écartez plus sous une belle main ; porte, reste fermée impitoyablement ! Il faut désapprendre le chemin de cette maison. Déjà la rampe de l'escalier se couvre de poussière, et tout se taira bientôt dans cette solitude célèbre autrefois, ignorée demain. Madame Récamier est morte.

Elle est morte, on s'en souvient, pendant le choléra de 1849. C'était alors une débâcle générale. Chacun émigrait vers le cimetière du Père-Lachaise, ce Coblentz de tous les partis. Chaque jour les églises se tendaient de noir et pleuraient des larmes d'argent. Sur les boulevards, sur les quais, on ne rencontrait plus que des croque-morts, des tambours aux baguettes entortillées d'un crêpe, des compagnies de gardes nationaux qui portaient mélancoliquement le canon de leur fusil incliné vers la terre. Ah! le vilain spectacle! Tout le monde nous abandonnait au moment de notre révolution. Les personnes les plus illustres par leurs talents ou par leurs grâces s'empressaient de nous dire brusquement adieu, lorsque nous avions le plus besoin de grâce et de talents; et parce que nous nous étions un instant absentés des salons, les salons se barricadaient sans pitié derrière nous.

C'était un autre champ d'asile, cette Abbaye-au-Bois, un nid de poëtes et de belles femmes, où dans ces derniers temps, après avoir vécu de la vie ambitieuse, bruyante, romanesque, les uns et les autres finissaient toujours par revenir s'abriter, *traînant l'aile*, comme dans la fable des *Deux Pigeons*. C'est au fond d'un des plus modestes appartements de l'Abbaye-au Bois que la duchesse d'Abrantès, ruinée par la chute de l'Empire, commença à écrire ses fougueux et spirituels *Mémoires*, — noble femme, tuée par le travail et la misère.

Ce n'est pas la misère qui a tué madame Récamier ; c'est l'âge, c'est le souvenir, c'est le spectacle des événements, peut-être. Toutefois est-il que madame Récamier restera comme une des figures les plus touchantes, comme un des esprits les plus singulièrement attractifs de notre époque. Elle a rallié à elle les sympathies de tout un siècle. Elle a été le centre de tout ce qui était beau, bon, généreux, facile. Principalement trois hommes, Chateaubriand, Benjamin Constant et Ballanche, se sont groupés autour de cette femme adorée.

Sa vie est un beau livre. Commencée dans une révolution, dans une révolution elle s'est achevée, sans y avoir perdu un seul rayon de son auréole. Indulgent cette fois pour une de ses plus ravissantes créatures, le ciel ne lui a pas refusé l'élément pour lequel il l'avait créée : elle a vu s'écouler dans une fête éternelle son éternelle jeunesse ; l'hommage lui faisait escorte, et le malheur ne s'est approché d'elle qu'à respectueuse distance.

Elles étaient trois sous le Directoire, trois femmes admirablement belles, les *trois Grâces*, selon les madrigaux du temps, — madame Tallien, Joséphine de Beauharnais et madame Récamier. — A elles trois, ces femmes ont affolé Paris et vu tomber les personnages les plus illustres à leurs pieds, ces beaux pieds qu'elles portaient nus et seulement chaussés de cothurnes, avec des émeraudes aux doigts. On les rencontrait en tous lieux, aux concerts où chantait Garat, aux bals ou dansait Trénitz, — ce pauvre Trénitz, mort fou à Charenton ! — Elles étaient l'âme du plaisir, et on les avait vues apparaître le lendemain de Thermidor, comme trois fleurs poussées tout à coup au bord d'un volcan éteint. Toutes les trois avaient leur mission politique ; elles régnaient et elles gouvernaient, *de par la grâce* d'elles-mêmes. Voici comment celle qui devait bientôt régner autrement et sous le nom d'impératrice, écrivait à madame Tallien, en lui donnant rendez-vous à une fête éblouissante de l'hôtel Thélusson : — « Venez avec votre dessous de robe fleur-de-pêcher, il faut que nos toilettes soient les mêmes : j'aurai un mouchoir rouge noué à la créole, avec trois crochets aux tempes. Ce qui est naturel pour vous est bien hardi pour moi, vous plus jeune, peut-être pas plus jolie, mais incomparablement plus fraîche. Il s'agit d'éclipser et de désespérer des rivales, *c'est un coup de parti.* » Seule des trois, madame Récamier a conservé jusque dans ses derniers jours le mouchoir noué à la créole.

C'étaient alors des luttes d'élégance et de frivolité, dont notre époque semble avoir perdu la tradition. Tant pis pour notre époque. Après la révolution des mœurs, venait la révolution des costumes. Thérésia Cabarrus avait ramené les modes grecques, la coiffure à l'athénienne, la tunique transparente et collante. Joséphine, la première, rechercha les camées les plus purs, les onyx et les agates les plus superbes, pour les faire étinceler à son épaule ou ruisseler dans ses cheveux. A son tour, madame Récamier introduisit le voile. Le voile ! chaste invention, nuage tissé, estompe idéale, qui irrite justement assez pour fixer le désir, raillerie pudique, réalité enveloppée de rêve, qui tend à faire de la femme une création mieux qu'humaine et presque mystérieuse. Toute l'histoire de madame Récamier n'est-elle pas dans ce voile? Le voile ne nous dit-il pas sa vie reposée, sa beauté blanche ?

En 1800, madame Récamier, qui avait alors dix-huit ans, habitait le grand château de Clichy-la-Garenne, qui fut détruit par la bande noire. « A cette époque, dit l'auteur des *Salons de Paris*, il est impossible, à moins de l'avoir vue, de se faire une idée de sa fraîcheur d'Hébé. C'était une création à part que madame Récamier, à cet âge de dix-huit ans, et jamais je n'ai retrouvé, ni en Italie, ni en Espagne, ce pays si riche en beautés, ni en Allemagne, ni en Suisse, la terre classique des joues aux feuilles de rose, jamais je n'ai retrouvé le portrait de madame Récamier, la plus jolie femme de l'Europe ! » Rien ne manquait d'ailleurs à son éducation; elle touchait admirablement du piano et dansait à merveille en s'accompagnant du tambour de basque, — ce qui était la grande fureur du jour.

C'est dans ce château de Clichy, et quelque temps après dans ses magnifiques salons de la rue du Mont-Blanc, que madame Récamier a reçu presque toute l'Europe princière. Son mari était riche alors, richissime ; il pouvait réaliser des miracles, et tenir tête aux Sardanapales en carrick de ce temps-là. L'architecte Berthaut avait transformé cet hôtel en féerie ; c'était un conte de Galland solidifié. Demandez à madame Lehon, qui en est devenue plus tard propriétaire.

Les bals de madame Récamier ne tardèrent pas à conquérir une vogue immense. De là s'élancèrent les gavottes nouvelles, les morceaux de clavecin destinés à devenir populaires, les toilettes égyptiennes, spartiates, romaines, turques et françaises. Ce fut un délire, un triomphe dont rien n'approcha. Madame Hamelin, — une héroïne de ces fêtes, — madame Hamelin, au pied de Cendrillon, aurait pu seule raconter un de ces soirs magiques auxquels il n'a manqué qu'un peintre comme Watteau, qu'un poëte comme Lattaignant ou Voisenon, l'abbé Fusée !

Quant aux habitués de tous les jours, les intimes des causeries du matin, c'étaient Lucien Bonaparte, M. Fox, madame Visconti, le général Moreau, Mathieu de Montmorency, cette maigre, blonde et pâle madame de Krüdner, — et ce joyeux vivant qui se nommait Ouvrard, personnage plein de verve et de gaie science, qui avait le faste d'un homme de cour, l'esprit d'un homme de lettres et l'argent d'un homme d'affaires.

La troisième résidence de madame Récamier, la plus affectionnée peut-être, c'était Saint-Brice, avec son paysage lumineux, ses eaux courantes, ses épaisses charmilles ; Saint-Brice, où elle eut le bonheur et l'audace de donner asile à madame de Staël poursuivie par l'empereur. On a dit que cette conduite honorable valut à madame Récamier une parole haineuse de Napoléon. — Haïr madame Récamier ! cela est-il possible? Cela peut-il seulement se comprendre?

Elle visita madame de Staël dans son exil, qu'elle partagea volontairement; mais lorsqu'elle revint à Paris, la fortune de son mari s'était écroulée. Plus de somptueux hôtels, plus de châteaux féodaux, rien, — rien que la médiocrité latine, dorée encore d'un rayon de sa beauté !

Elle se trouvait aux bains de Dieppe, en noble compagnie de l'auteur d'*Atala*, lorsque la révolution de Juillet vint la surprendre. Ses efforts furent impuissants à retenir M. de Chateaubriand, qui partit pour Paris, où, reconnu bientôt à la porte du *Journal des Débats* par des élèves de l'École polytechnique, il se vit enlevé dans leurs bras et promené en triomphe par-dessus les barricades.

Depuis cette date, madame Récamier n'a pas cessé d'habiter l'Abbaye-au-Bois. Ç'a été son Versailles, son Trianon ; elle y tenait cour plénière au coin de son feu ; elle avait hérité directement — c'est-à-dire en ligne spirituelle — de madame Geoffrin, cette bonne dame d'autrefois, chez qui toute la littérature et toute la philosophie d'un siècle étaient avec soin passées au filtre. Elle faisait la pluie et le beau temps du monde de l'intelligence, — plutôt le beau temps que la pluie, — car les orages passaient rarement sur ces augustes ombrages de l'Abbaye-au-Bois. Pas un homme supérieur qui n'ait brigué l'entrée de ce cénacle, lequel tiendra dans l'histoire artistique de la France une place importante; pas une renommée, haute ou petite, qui n'ait franchi ce seuil, depuis Luce de Lancival, professeur d'éloquence au Prytanée français, jusqu'à Victor Hugo, sacré chez elle *enfant sublime;* depuis le baron Gérard, peintre ordinaire de l'Abbaye, — ce qui était un titre, — jusqu'à M. Ingres, l'artiste inquiet et misanthrope; depuis l'auteur de *la Vestale*, couvert de cheveux blancs et bardé de décorations, jusqu'à l'auteur du *Prophète*, noir et simple, mais étrange comme un enfant de Germanie. Là-bas, Stendhal, qui venait d'écrire son livre *De l'Amour*, a souvent posé devant ce buste de Canova, placé sur la cheminée; Mérimée, bien jeune, a coudoyé Ballanche, bien vieux; M. de Bonald, bien grave, a salué Rossini, bien rieur. Ce salon bleu et blanc a vu tout à la fois la simarre de M. Pasquier, le cordon de M. le duc de Doudeauville, la tonsure de M. de Lamennais, les palmes de M. de Barante, et l'épée de M. de Vigny, — tout un pan de la galerie des portraits de Versailles dans cinquante ans!

Il y avait aussi à l'Abbaye un accueil doux,

presque maternel, pour ces jeunes muses qui commençaient à s'épanouir, vives et attrayantes, mais faibles et délicates comme ces roses sauvages perdues dans les buissons et qui naissent à demi effeuillées. — Vous les connaissez tous, ces muses faciles. — L'une aux yeux noirs, aux cheveux noirs, à la mante noire, se cache derrière la jalousie sévillane, épiant le *majo* qui passe, et laissant tomber un poignard dans un bouquet. L'autre, triste et belle, assise sur quelque débris de temple écroulé, les pieds au fil de l'eau, la tête au soleil, berce un enfant souffreteux devant la treille d'une maison du Pausilippe. Celle-ci se pare des vieilles dentelles et des vieux falbalas de la vieille cour de France ; elle danse à l'Opéra, elle soupe à Bagatelle et à Vaucresson. Celle-là, toute récente et toute éplorée, erre au bord des lacs, se couronne de nénuphars et soupire ses peines d'amour aux aulnes de la rive. D'autres rient aux éclats, et ce sont les plus rares ; elles courent toutes décoiffées, sautant à travers haies et champs, poursuivies par les gardes champêtres !

Si bien qu'avec son chœur de muses modernes, l'Abbaye-au-Bois apparaissait dans le bleu du lointain comme un autre Parnasse, un *sacré vallon*, disaient les derniers preux de la Mythologie.

Ne nous y trompons pas, l'Abbaye-au-Bois formait une coterie littéraire aussi puissante que l'Université et que la *Revue des Deux Mondes*. Elle distribuait des brevets de gloire et nommait des académiciens, entre autres M. Ampère et l'auteur du *Théâtre de Clara Gazul*. Une lecture à l'Abbaye-au-Bois équivalait à un ordre de représentation à la Comédie-Française. Madame Casa-Major n'est pas arrivée autrement.

Mais n'oublions-nous pas un peu trop madame Récamier pour l'Abbaye? Ne délaissons-nous pas un peu trop la maîtresse de maison pour la maison elle-même? Causons encore, causons de cette femme sans rivale, l'orgueil de notre nation, — qui n'a pas tous les jours une si bonne occasion de se montrer orgueilleuse!

Elle aimait à se vêtir de blanc, gazes, mousselines, étoffes tendres. Cela lui allait on ne peut mieux. Son portrait, qui est au Louvre, a été gravé maintes fois. C'est bien là ce visage candide, sans rigueur, qui arrivait parfois à des effets de naïveté incomparable, souvent songeur, profondément distingué toujours. Je retrouve ce regard pénétrant dont bien peu de ceux qui l'entourèrent ont pu guérir. Madame de Tessé disait d'une femme littéraire : « Si j'étais roi, j'ordonnerais à madame... de me parler toujours. » Moi, je ferai une variante à ce mot : Si j'avais été roi, j'aurais ordonné à madame Récamier de me regarder sans cesse.

Elle avait surtout cette coquette amabilité qui est à la beauté ce qu'est le relief au monument. Car je suis un peu de l'avis de ce vieil auteur de la comédie de la *Thèse des dames*, qui disait : « S'il n'entrait dans la composition d'une femme quelque pincée du sel de la coquetterie, elle deviendrait le ragoût du monde le plus insipide ; c'est ce qui la rend piquante et qui jette dans ses yeux tous ces traits de flamme dont le moindre cartilage du cœur ne saurait échapper ; et les femmes qui sont autrement sont de vraies femmes au bain-marie. »

Mademoiselle Mars était peut-être celle qui approchait le plus de madame Récamier pour l'exquise souveraineté des manières. Elle *savait* le regard, comme la châtelaine de l'Abbaye-au-Bois; ainsi que le sien, son langage était empreint de suavités particulières et d'harmonie nonchalante, — voix d'or, lumière parlée, — suivant l'expression hardie d'un grand écrivain.

C'est qu'il faut le dire aussi, madame Récamier faisait des *élèves* à son insu. Une soirée passée à l'Abbaye-au-Bois valait mieux pour une comédienne que dix années de Conservatoire. Mademoiselle Mante y avait appris à faire craquer l'éventail de Célimène, à marcher, à sourire, à s'asseoir dans le goût suprême. La juive Rachel y a passé, elle aussi, et peut-être au fond du rôle d'*Adrienne Lecouvreur* retrouverait-on quelques réminiscences brillantes du salon de la rue de Sèvres.

Madame Récamier ne détestait pas raconter quelques anecdotes du temps révolutionnaire. Sa mémoire était comme un livre curieux, qu'elle ouvrait devant quelques intimes, et où elle lisait les yeux fermés, — car depuis quelques années sa vue s'était beaucoup affaiblie. Nous voudrions avoir souvenir de tous les traits charmants qu'on tient de sa bouche. — La foule se pressait un matin, rue du Mont-Blanc, devant l'hôtel de l'ambassadeur d'Espagne. Sur le seuil, le roi d'Étrurie, qui allait monter en voiture, causait avec madame Récamier et M. Beffroy de Reigny, cet écrivain qui s'est fait une excentrique réputation sous le nom du *Cousin Jacques*. — « Le prince baisait galamment ma main, nous disait madame Récamier, lorsque j'entendis tout à coup une voix bruyante à mon oreille. Je me retournai. C'était un militaire de planton qui s'écriait de toutes ses forces : *Citoyen*, votre voiture est prête ; quand *Votre Majesté* voudra y monter... »

Peut-être connaît-on mieux cette aventure d'un homme qui, se trouvant placé entre madame de Staël et madame Récamier, eut la maladresse de dire : — Me voilà entre l'esprit et la beauté ! — Sans posséder ni l'une ni l'autre, répondit madame de Staël.

Une Anglaise, madame Trollope, qui pouvait avoir beaucoup d'esprit en anglais, mais qui, en français, se contentait simplement de déraisonner, a consacré dans son livre de *Paris et les Parisiens* quelques pages à madame

Récamier, qu'elle avait déjà vue à Londres[1]. Mais où il faut chercher des détails, plutôt que dans les écrits anecdotiques, c'est, ainsi que nous l'avons fait, dans la mémoire religieuse de plusieurs contemporains.

On dit que madame Récamier laisse des *Mémoires*. Nous voudrions le croire, nous n'osons l'espérer. — Ce qu'elle laisse plus sûrement, c'est le célèbre tableau de *Corinne*, qui ornait son salon; son buste, par Canova; le dessin original de l'*Atala* de Girodet, et quelques toiles remarquables dont il ne nous reste plus souvenir bien précis.

Au fait, voici ces notes de Kotzebue sur madame Récamier. Elles compléteront et accentueront mon ébauche. *L'assassiné* de Karl Sand fait montre, en de certains endroits, d'une indiscrétion qui frôle la fatuité. Après cela, peut-être est-ce la faute du traducteur,

1. Kotzebue, dans ses *Souvenirs de Paris*, édités en 1805 par le libraire Barba (avec des annotations stupides, par parenthèse), a également parlé d'elle, — en des termes assez cavaliers, toutefois.

— qui aura voulu mettre sur les *i* des points plus gros que les *i* eux-mêmes.

SUR MADAME RÉCAMIER

« J'avais des préjugés contre madame Récamier lorsque j'arrivai à Paris; je m'imaginais voir une coquette enivrée des hommages qu'on lui rendait; j'ajoutais foi à toutes les calomnies que les journalistes allemands avaient débitées sur son compte. Je désirais la voir, mais non pas la connaître. Ce fut à l'Opéra que je satisfis ma curiosité pour la première fois. « Voilà madame Récamier, » me dit un de mes voisins, et naturellement je m'avançai pour regarder dans la loge qu'il me désignait. Ses cheveux étaient sans ornements; vêtue d'une simple robe blanche, elle paraissait rougir d'être si belle.

» Cette première vue produisit sur moi une impression agréable, et j'acceptai avec plaisir la proposition qu'on me fit de me présenter chez elle. Quoiqu'elle fût au milieu d'une société brillante, elle avait la mise la plus simple. Presque toujours madame Récamier se met en blanc et très-décemment... Elle n'a sur la tête d'autre ornement que ses cheveux châtains, quelquefois tressés, ou tombant en boucles ; d'autres fois relevés négligemment, et retenus par un peigne. Je l'ai vue presque tous les jours pendant plusieurs semaines, sans qu'elle ait jamais eu de parure de diamants.

» Au milieu du tourbillon de Paris, elle remplit tous les devoirs d'une épouse sage, quoique son mari soit d'âge à être son père. La calomnie même ne l'a jamais attaquée de ce côté. Elle n'a point d'enfants, mais elle soigne avec une tendresse vraiment maternelle ceux d'une de ses parentes, auxquels elle tient lieu de mère.

» Je n'oublierai jamais ce beau jour où je la trouvai seule avec une jeune fille sourde et muette qu'elle avait recueillie en allant se promener dans je ne sais quel village. Cette enfant avait été élevée à ses frais pendant quelque temps ; elle lui avait ensuite procuré une place à l'excellent institut des Sourds-Muets ; dans ce moment elle venait de la faire habiller à neuf, et se l'était fait amener pour la conduire elle-même à l'abbé Sicard. Elle faisait déjeuner cette enfant dans son salon de compagnie, sur une table de marbre, et près d'un miroir dans lequel cette petite fille pouvait se voir des pieds à la tête, probablement pour la première fois. L'émotion de la charmante bienfaitrice en voyant la joie et l'étonnement de cette petite fille, les larmes de la pitié qui coulaient de ses yeux en la baisant au front, la bonté maternelle avec laquelle elle l'engageait à manger et lui mettait dans les poches ce qui restait dans le sucrier; les remerciements inarticulés de l'enfant, qu'il exprimait par une sorte de cri qui me remplissait d'émotion, seront longtemps présents à ma mémoire...

» Quand les envieux ne peuvent faire croire à leurs accusations contre la vertu et la moralité d'une femme aimable, ils finissent par dire qu'elle n'a point d'esprit. Si la connaissance des vérités naturelles et des produits des beaux-arts peuvent donner à une dame des prétentions à l'esprit, madame Récamier doit en avoir plus que bien d'autres.

» On me demandera peut-être comment on peut juger de l'esprit d'une femme. On peut se fier d'autant plus au jugement que je porte, que non-seulement je vis madame Récamier presque tous les jours, mais qu'en outre une circonstance particulière me mit à portée de juger de son esprit ; circonstance dans laquelle ni homme ni femme n'aurait pu dissimuler son insuffisance. Je fus promener en voiture avec madame Récamier pendant quatre ou cinq heures, sans autre compagnie que celle des enfants dont elle prend soin, et qui, certainement, ne se mêlèrent point de la conversation. Il n'y a pas de moyen plus sûr, pour connaître le degré d'esprit d'un homme qu'une conversation suivie en voiture (à moins que le sommeil ne s'en mêle); c'est là qu'il doit se développer ; et si les personnes qui sont renfermées dans une voiture étroite ont l'une pour l'autre un sentiment d'amitié, c'est là que la confiance est plus grande ; et cette femme, que l'on dit sans esprit, m'a fait voir, pendant quatre heures, qu'elle en avait.

» Le dernier reproche que l'on fait à madame Récamier, et qui est insignifiant, c'est son amour pour la magnificence. Les escaliers de sa maison ressemblent à un jardin, c'est affaire de goût ; les tentures de ses appartements sont en soie, les cheminées sont de marbre blanc, les pendules et autres meubles ont des ornements en bronze doré, les glaces sont très-grandes; mais tout cela convient parfaitement à un riche particulier. Je n'ai point trouvé de luxe chez elle, dans tel sens qu'on veuille l'entendre; j'y ai vu du goût partout, et de l'élégance seulement dans un ou deux appartements. Une antichambre, deux salons de compagnie, une chambre à coucher, un cabinet, et une salle à manger, voilà tout son logement; et certainement une petite maîtresse allemande, qui serait aussi riche, ne se contenterait pas ainsi. Encore un trait, pour prouver combien peu madame Récamier cherche à éblouir par son luxe. Lorsque nous allâmes nous promener ensemble, comme je l'ai dit plus haut, nous montâmes dans une voiture très-propre, mais simple, et attelée de deux chevaux; nous trouvâmes à la barrière un joli phaéton avec un très-bel attelage, qui nous attendait. Je lui témoignai ma surprise; elle me dit : « Je n'aime pas à me montrer en ville dans cette voiture, on y attire trop l'attention. » Si c'est là de la vanité, au moins elle est cachée.

» Les journaux allemands assurent que,

pendant que madame Récamier a été en Angleterre, son mari, qui était resté à Paris, disant un jour qu'il n'avait point de nouvelles de sa femme, une espèce de bel esprit lui demanda avec ironie s'il ne lisait pas la gazette? Quand cela serait vrai, que peut-on en conclure? Madame Récamier peut-elle empêcher que les journalistes anglais ne saisissent les plus petites circonstances pour remplir leurs feuilles? Est-ce donc à elle seule que pareille chose est arrivée? Lisez le *Morning Chronicle*, vous y trouverez souvent des descriptions de la sensation qu'aura faite à un gala la parure de telle ou telle dame.

» Les journalistes allemands ont encore reçu d'autres informations. Madame Récamier avait donné un jour un bal; mais elle s'était couchée sur le minuit, et avait reçu dans sa chambre à coucher tous ceux qu'elle avait conviés à ce bal. Il y a quelque chose de vrai dans cette anecdote. La belle madame Récamier fut saisie à ce bal d'un mal subit et violent; mais elle eut la bonté de ne pas vouloir troubler la joie commune; elle se retira donc dans son appartement, et se coucha. Quelques amis particuliers vinrent savoir des nouvelles de son état ; et cette circonstance si simple, si naturelle, occasionna ce conte ridicule.

» Voici encore une anecdote que rapportent les journalistes allemands. Un auteur dramatique, disent-ils, avait fait une pièce dans laquelle cette dame était tournée en ridicule ; mais le mari a acheté la pièce pour une somme assez forte. Je suis autorisé par cet auteur lui-même à démentir cette calomnie ; il ne lui est jamais venu dans l'idée d'écrire quelque chose contre madame Récamier : la vérité du fait est qu'on s'est permis, à la représentation d'une de ses pièces, quelques applications ridicules qui paraissaient dirigées contre madame Récamier ; et M***, pour faire cesser les mauvais propos, et sans aucune spéculation basse, sans même aucune sollicitation, a eu la délicatesse de retirer sa pièce.

» On avait fait à Paris une caricature sur cette dame ; elle entra un jour dans un magasin de gravures, et on la lui offrit sans la connaître ; elle m'a elle-même raconté le fait. Elle fut surprise d'abord ; mais elle regarda cette gravure de sang-froid. « Sans doute, dit-elle au marchand, cette personne a mauvaise réputation. — Point du tout, répondit-il sur-le-champ; c'est une dame dont la réputation est sans tache. » Et il continua de lui prodiguer des éloges qui, n'étant pas suspects, la consolèrent de l'intention qu'on avait pu avoir en traçant la caricature qu'elle avait entre les mains.

» Je pourrais parler encore sur ce sujet, et rapporter des traits qui ne sont remarquables que pour l'observateur exercé, parce qu'ils font voir le fond du cœur; mais il ne convient pas d'en dire davantage: un ami n'a aucun droit de publier ce qui se passe dans l'intérieur de la maison d'une femme bienfaisante. Je crois en avoir dit assez pour détruire les préjugés qu'on pourrait avoir sur madame Récamier. »

GUIZOT

I

On raconte qu'un jour mademoiselle Rachel, ayant été conduite à la Chambre des députés, s'éprit d'une telle admiration pour le talent oratoire de M. Guizot qu'elle s'écria :

— J'aimerais à jouer la tragédie avec cet homme-là !

Toute la France, à un certain moment, a partagé l'admiration de Rachel. On peut avoir de l'admiration sans avoir de l'enthousiasme. M. Guizot a été, en effet, ce qu'on appelle en style de théâtre un *grand premier rôle*.

On ne s'attend pas à ce que j'écrive sa biographie; elle est connue autant que celle de Voltaire ou de Jean-Jacques Rousseau. Tout le monde sait sa naissance à Nîmes, son éducation à Genève, sa jeunesse à Paris.

Cela court les dictionnaires.

Royer-Collard et Fontanes furent ses premiers protecteurs. Depuis, il a su marcher seul, — trop seul parfois. Je ne m'aventurerai pas à le suivre ; il me mènerait trop loin et là où je ne veux pas être conduit. Il me suffira d'indiquer ses principales étapes.

J'aurais désiré isoler l'homme d'État, le séparer de l'écrivain et du professeur; mais cela est impossible. Tous les trois sont étroitement liés ; tous les trois accomplissent la même œuvre et tendent au même but, — le professeur par la leçon, l'écrivain par le livre, le ministre par le décret.

Pendant le premier Empire et pendant la Restauration on voit M. Guizot, dans toute la verdeur d'une jeunesse exclusivement vouée à l'étude, se débrouiller laborieusement et faire déjà plusieurs parts de son existence. Fonctionnaire quand il le peut, publiciste toujours, il attaque la notoriété par tous les côtés à la fois. Il parle sur tout, il écrit sur tout; il publie un *Dictionnaire des Synonymes* et des *Annales de l'Éducation;* il fait succéder les *Vies des poëtes français du siècle de Louis XIV* à l'*État des beaux-arts en France;* il traduit de l'allemand et de l'anglais; il donne des éditions de Gibbon, de Shakspeare, de Mably, de Rollin. Il rappelle Beaumarchais par son activité, — un Beaumarchais à la glace. Comme Beaumarchais, il se jette dans de vastes entreprises de librairie, telles que la collection des *Mémoires relatifs à l'histoire d'Angleterre* et celle des *Mémoires relatifs à l'histoire de France*, soit une cinquantaine de volumes. Il y a là une « capacité, » incontestablement, et une destinée.

A travers ces travaux considérables, l'homme politique trouve le temps de s'accentuer. Il ne laisse passer aucune question à l'ordre du jour sans se l'approprier et sans en faire l'objet d'une brochure ou d'un volume. Je cite au courant (il faudrait dire au torrent) de la plume : *Quelques idées sur la liberté de la presse*, *Essai sur l'état actuel de l'instruction publique*, *Des moyens de gouvernement et d'opposition dans l'état actuel de la France*, *Des conspirations et de la justice politique*, *De la peine de mort*, etc., etc.

Reste le professeur. Il avait été pourvu d'une chaire d'histoire moderne dès 1812, et déjà il s'était montré orateur habile. Si vous en doutez, lisez l'exorde de son discours d'ouverture, sa première leçon et sa *première parole publique*. Il ne s'essayait pas encore à la domination ; il recherchait l'ingénieux, le séduisant, il ne fuyait pas l'anecdote.

« Messieurs, — disait-il, — un homme d'État célèbre par son caractère et par ses malheurs, sir Walter Raleigh, avait publié la première partie d'une *Histoire du monde ;* enfermé dans la prison de la Tour, il venait de terminer la dernière. Une querelle s'élève sous ses fenêtres, dans une des cours de la prison : il regarde, examine attentivement la contestation qui devient sanglante, et se retire, l'imagination vivement frappée des détails de ce qui s'est passé sous ses yeux. Le lendemain, il reçoit la visite d'un de ses amis, et la lui raconte. Quelle est sa surprise lorsque cet ami, qui avait été témoin et même acteur dans l'événement de la veille, lui prouve que cet événement a été précisément le contraire de ce qu'il croyait avoir observé ! Raleigh, resté seul, prend son manuscrit et le jette au feu, convaincu que, puisqu'il s'était si fort trompé sur ce qu'il avait vu, il ne savait rien du tout de ce qu'il venait d'écrire. »

M. Guizot part de là pour se demander : « Sommes-nous mieux instruits ou plus heureux que sir Walter Raleigh ?..... »

Un instant dépossédé de sa chaire en 1825, il y remonte en 1828 ; il y grandit, stimulé par le voisinage des Villemain et des Cousin. Sa parole est devenue plus grave, plus sûre d'elle-même. On accourt à ses leçons (où il puisera les éléments de son grand ouvrage sur *la Civilisation*) ; on l'écoute respectueusement, car c'est surtout le respect qu'il inspire. Bref, il acquiert une popularité que plus tard il ne retrouvera plus au même degré. Vienne la Révolution de 1830, M. Guizot est prêt pour le pouvoir.

Je ne sais pourquoi j'ai la mémoire obsédée par un fragment, d'ailleurs assez plaisant, d'un pamphlet paru en 1853 dans la *Revue de Paris*. Voici ce petit morceau vraiment caractéristique : « Quand le règne de Louis-Philippe sera devenu légende, ce roi apparaîtra à nos descendants sous la mine d'un vieux bourgeois, non dépourvu de bonhomie. Autour de lui se presseront ses nombreux enfants, et il s'avancera, escorté de deux petits bourgeois, ses favoris, comme Louis XI entre Olivier le Daim et Tristan l'Ermite. Le plus petit des deux favoris aura un museau de renard et de grosses lunettes pleines de malice; il se nommera Thiers. Le second, Guizot, se tiendra grave comme un pélican. Ces deux personnages aussi distincts, aussi tranchés que les types de la farce italienne, se joueront une foule de mauvais tours qui divertiront singulièrement le vieux monarque.[1] »

Le divertissement est de trop. Quoi qu'il en soit, l'élévation rapide de M. Guizot sous le gouvernement de Louis-Philippe réalisa les espérances qu'avaient conçues ses partisans. Tour à tour ministre de l'intérieur et de l'instruction publique, il apporta dans l'exercice de ses fonctions son inflexibilité d'idées et de manières. Un instant il put croire à la stabilité d'un régime qu'il avait aidé à fonder. On était en 1836. L'Académie française l'appela à elle.

1. *Les Hommes et les Mœurs sous le règne de Louis-Philippe.*

II

M. Guizot fut élu le 28 avril. Aucun concurrent ne se présenta, tous les candidats s'abstinrent devant lui. Il réunit la presque totalité des suffrages, puisque sur vingt-neuf académiciens présents, il eut vingt-sept voix. Les deux autres voix se traduisirent en billets blancs.

M. Guizot avait alors quarante-neuf ans; il ne s'était ni pressé ni empressé pour arriver à l'Académie. On eût dit qu'il savait que la vie avait fait un pacte avec lui. Il s'était même effacé plusieurs fois poliment pour laisser passer quelqu'un. Il ne prit place qu'après Lamartine, après Cousin, après Dupin, après Charles Nodier, après Thiers, après Salvandy. Il est vrai qu'il appartenait déjà à deux classes de l'Institut : à l'Académie des sciences morales et politiques et à l'Académie des inscriptions et belles-lettres.

Sa réception, qui eut lieu le 22 décembre, eut les allures d'un triomphe.

Il revendiqua fièrement, dans son discours, les principes philosophiques du XVIIIe siècle. « Le XVIIIe siècle nous a faits ce que nous sommes, — s'écria-t-il; — idées, mœurs, institutions, nous tenons tout de lui; nous lui devons, et, pour mon compte, je lui porte une affection filiale. Qu'elle pénètre, qu'elle paraisse dans mes paroles, même les plus libres! Si nos paroles sont libres, à qui le devons-nous? Le XVIIIe siècle a fait notre liberté. Dans cette enceinte, hors de cette enceinte, partout, toute pensée qui se déploie, toute voix qui s'élève sans entraves, rend témoignage de la gloire du XVIIIe siècle et de son bienfait. Montesquieu, Voltaire, Rousseau, puissants génies, noms immortels, nous sommes libres comme vous nous avez voulus; nous le serons envers vous-mêmes : mais notre liberté vous sera le plus digne hommage, et notre reconnaissance montera vers vous avec l'indépendance de notre jugement! »

Il y a presque de l'exaltation dans ces paroles[1]. Après cette profession de foi, M. Guizot fit l'éloge de son éminent prédécesseur, Destutt de Tracy; il le fit sans réserves. Commencé par une apothéose du XVIIIe siècle, ce discours s'acheva par cette fanfare en l'honneur du XIXe;

« Voyez : la pensée est libre, la conscience est libre, le travail est libre, la vie est libre. Des institutions puissantes, les institutions que Voltaire allait admirer au loin, que Montesquieu expliquait à l'Europe surprise, garantissent toutes ces libertés. Un acte souverain de la France a prouvé au monde que désormais les

1. Ces élans, cette chaleur, ne sont pas aussi rares chez M. Guizot qu'on veut bien le croire. Témoin cette page sur Strafford :

« C'était non-seulement un esprit supérieur, mais une âme élevée, en proie, il est vrai, au tumulte des passions mondaines, dépourvue de moralité patriotique, et pourtant capable de conviction, d'affection, de désintéressement. Je comprends que Hampden l'ait condamné; je ne comprends pas que l'histoire, en le chargeant de ce qui fit sa ruine, ne prenne pas plaisir à lui rendre ce qui faisait sa grandeur; et pour mon compte, je suis sûr qu'en assistant à sa glorieuse défense, à son tranquille départ pour l'échafaud, en le voyant ne baisser la tête que pour recevoir sur son passage la bénédiction d'un vieil ami de prison, j'aurais senti le besoin de lui tendre la main, de serrer la sienne, et, au dernier moment, de sympathiser avec ce grand cœur. »

Beaucoup de pages comme celle-ci, et M. Guizot serait sans rival parmi les historiens.

libertés et les institutions nationales ne seraient pas impunément violées. Un roi digne de nos institutions, inviolable comme elles, dévoue à leur affermissement son infatigable sagesse. Aussi déjà leurs fruits excellents et tant désirés, la sécurité, la prospérité, la civilisation, la raison publique, grandissent à vue d'œil... Quel siècle, quel pays a jamais si rapidement atteint un but si élevé ? Consultez, messieurs, interrogez ce grand ministre qui a honoré son nom en l'unissant au vôtre ; ce grand roi qui a donné le sien à tant de gloires de la France ; Richelieu, Louis XIV, eux qui ont tant vu, qui ont tant fait, dans leur longue et puissante vie, ont-ils rien vu, ont-ils rien fait qui approche de ce qui s'est passé sous nos yeux *et par nos mains?* Ont-ils assisté, ont-ils eu l'honneur de concourir à une transformation si complète, à un si immense développement des idées, des institutions, des mœurs, des lois, de l'existence tout entière de tant et de tant de millions d'hommes?... Certes jamais la Providence n'a plus magnifiquement traité un siècle et un peuple ! »

Voilà bien le langage du triomphe, en effet. C'est l'homme qui s'éblouit lui-même.

M. de Ségur, dans sa réponse, le prit sur un ton moins lyrique. Félicitant M. Guizot de son passage aux affaires, il ramena son œuvre à des proportions humaines ; il le remercia surtout d'avoir, comme ministre de l'instruction publique, multiplié les foyers de lumière : « Depuis 1833, cinq cents comités d'instruction et d'éducation volontairement réunis ; un grand nombre d'écoles normales primaires obtenues des conseils des départements ; cinq mille écoles communales ou instituées ou même construites à grands frais par nos municipalités, telles sont les fondations auxquelles votre nom restera attaché. En trois ans, six cent mille élèves ont été arrachés à l'ignorance. »

Ce passage fut unanimement et sincèrement applaudi. M. de Ségur avait touché la note juste, en rappelant les meilleurs titres de M. Guizot à l'estime et à la reconnaissance de ses concitoyens.

On me permettra d'insister sur cette période éclatante et heureuse de son existence. Tout homme aussi doué que M. Guizot a dans sa vie un de ces sommets, quelquefois deux.

Une académie en attire une autre. Celle de

Stockholm voulut avoir l'honneur de compter M. Guizot dans ses rangs. Il reçut à cette occasion une lettre du roi de Suède, Charles-Jean (Bernadotte), avec lequel il n'avait jamais eu de relation. Cette lettre est curieuse, d'un style défrancisé, mais elle a un accent cordial qui trahit l'ancien soldat :

« Monsieur Guizot,

» Quand j'ai sanctifié votre nomination comme membre de l'Académie des sciences historiques, antiquités et belles-lettres de Stockholm, j'ai cédé à la spontanéité de mon âme en exprimant la satisfaction que j'éprouvais de ce choix. Les personnes qui liront vos ouvrages applaudiront aux paroles que j'ai prononcées ; et moi, monsieur Guizot, je me félicite de ce que le hasard et ma conviction m'aient fourni l'occasion de faire connaître à ceux qui se trouvaient en ce moment près de moi le tribut de l'estime que vous m'avez inspirée, et qui vous est due à tant de titres.

» Votre bien affectionné,

» CHARLES-JEAN. »

Une autre lettre non moins curieuse est celle qu'il reçut de Béranger, lettre infiniment spirituelle, mais en même temps singulièrement narquoise. La voici :

« Passy, 13 février 1834.

» Monsieur le ministre,

» Excusez la liberté que je prends de vous recommander la veuve et les enfants d'Emile Debraux. Vous demandez sans doute ce qu'était Émile Debraux. Je puis vous le dire, car j'ai fait son éloge en vers et en prose. C'était un chansonnier. Vous êtes trop poli pour me demander à présent ce que c'est qu'un chansonnier, et je n'en suis pas fâché, car je serais embarrassé de vous répondre.

» Ce que je puis vous dire, c'est que Debraux fut un bon Français, qu'il chanta contre l'ancien gouvernement jusqu'à extinction de voix, et qu'il mourut six mois après la révolution de Juillet, laissant sa famille dans une profonde misère. Il fut une puissance dans les classes inférieures ; et soyez sûr, monsieur, que comme il n'était pas tout à fait aussi difficile que moi en fait de rime et de ce qui s'ensuit, il n'eût pas manqué de chanter le gouvernement nouveau, car sa seule boussole était le drapeau tricolore...

» ... Si j'étais assez heureux, monsieur, pour vous intéresser au sort de ces infortunés, je m'applaudirais de la liberté que j'ai prise de me faire leur interprète auprès de vous. Ce qui a dû m'y encourager, ce sont les marques de bienveillance que vous avez bien voulu m'accorder quelquefois.

» Je saisis cette occasion de vous en renouveler mes remercîments, et vous prie d'agréer, etc., etc.

» Béranger. »

On aura remarqué l'étrange pointe d'irrévérence qui perce vers la fin du deuxième paragraphe. A quoi donc pensait le bonhomme en l'écrivant ?

Il me reste à examiner les œuvres publiées par M. Guizot depuis sa réception à l'Académie française.

C'est dans cette même année 1836 que M. Guizot acheta la terre du Val-Richer. Depuis longtemps il avait le désir d'acquérir en

Normandie une maison champêtre où il pût venir se délasser de son labeur politique. Il ne la voulait pas loin de ses électeurs. Le Val-Richer, situé à trois lieues de Lisieux, réalisa son idéal. C'était une ancienne abbaye, s'étendant sur une colline agréable et fertile, — bien de moines, c'est tout dire. L'apparence délabrée des bâtiments était rachetée par des points de vue très-pittoresques. « Le lieu me plut, — raconte M. Guizot dans ses *Mémoires;* — la maison, située à mi-côte, dominait une vallée étroite, solitaire, silencieuse; point de village, pas un toit en vue; des prés très-verts; des bois touffus, semés de grands arbres; un cours d'eau serpentant dans la vallée; une source vive et abondante à côté de la maison même; un paysage pittoresque sans être rare, à la fois agreste et riant. Je me promis d'arranger commodément la maison, d'abattre des murs, de faire des plantations, des pelouses, des talus, des allées, des percées, des massifs, d'obtenir que l'administration ouvrît des chemins dont le pays avait besoin au moins autant que moi, et j'achetai le Val-Richer. » M. Guizot, comme on voit, devient un peu poëte pour célébrer son enclos.

Aujourd'hui, le Val-Richer est inséparable du nom de M. Guizot, comme la Vallée-aux-Loups est inséparable du nom de Chateaubriand, comme Saint-Point est inséparable du nom de Lamartine[1].

La nébuleuse de M. Guizot commença à se former quelque temps après son entrée à l'Académie française. Sorti un instant des affaires publiques, il y rentra, pour y jouer jusqu'en 1848 un rôle continuel, difficile et diversement apprécié. J'ai dit comment il était arrivé au pouvoir, je ne dirai pas comment il en descendit. Ces faits sont trop connus.

La révolution de février ne le rendit pas sur-

1. Je m'arrête et m'amuse souvent aux petits-pamphlets. Il est rare qu'ils ne me fournissent pas quelque trait, quelque indication. Voici un portrait de M. Guizot, à la date de 1844, rencontré dans un livre parfaitement ignoré : *Les Petits Mystères de l'Académie française, révélations d'un curieux,* par Arthur de Drosnay (Paris, Saint-Jorre, libraire) :

« C'est un homme déjà d'un certain âge, à la figure pleine de dignité, à la tournure la plus convenable. Ses cheveux gris donnent à sa physionomie un air digne et imposant. Sa mise, toujours soignée, n'a rien d'exagéré ; tout en lui enfin annonce impérieusement l'homme de bonne compagnie. C'est, du reste, le seul ministre convenable que nous ayons maintenant ; tous, sous ce rapport de l'extérieur, sont vraiment malheureusement doués, à commencer par MM. Cunin, Martin, Roussin, Cousin, Villemain, et toute la bande en *in !* »

Tout le monde connaît le beau portrait de M. Guizot par M. Paul Delaroche, popularisé par la gravure.

le-champ aux lettres. Il y eut, pendant quelque temps encore, lutte, révolte, déchirements, espoirs nouveaux, suivis de déceptions nouvelles. Même lorsqu'il lui fut cruellement prouvé par ses bons amis les électeurs normands que son prestige était fini, il ne voulut pas renoncer au rôle de conseiller. Il publia des brochures et des articles de revue, comme à l'époque de son arrivée à Paris: *Nos Mécomptes et nos Espérances; Monck; Cromwell sera-t-il roi?* etc., etc. Je ne dirai pas que ces divers écrits laissèrent le public indifférent, on ne me croirait pas, mais ils n'eurent cependant ni le succès ni surtout l'influence auxquels leur auteur pouvait s'attendre. On trouva, à tort ou à raison, que le rôle de Cassandre ne lui allait pas.

Il laissa passer quelques années, et, en 1858, il se décida à écrire ses Mémoires.

Les Mémoires! ce baisser de rideau de presque toutes les existences fameuses! cette rentrée dans la coulisse de presque tous les acteurs célèbres! ce dernier bruit et cette dernière lueur! la fin de Napoléon et de Chateaubriand!

M. Guizot écrivit ses Mémoires, et il tint à honneur de les faire paraître de son vivant.

« Je publie mes Mémoires pendant que je suis encore là pour en répondre, — dit-il dans son avant-propos. — Voulant parler de mon temps et de ma propre vie, j'aime mieux le faire du bord que du fond de la tombe. Pour moi-même, j'y trouve plus de dignité, et pour les autres j'en apporterai, dans mes jugements et dans mes paroles, plus de scrupule. Si des plaintes s'élèvent, ce que je ne me flatte guère d'éviter, on ne dira pas du moins que je n'ai pas voulu les entendre, et que je me suis soustrait au fardeau de mes œuvres.

» D'autres raisons encore me décident. La plupart des Mémoires sont publiés ou trop tôt ou trop tard. Trop tôt, ils sont discrets ou insignifiants; on dit ce qu'il conviendrait encore de taire, ou bien on tait ce qui serait curieux et utile à dire. Trop tard, les Mémoires ont perdu beaucoup de leur opportunité et de leur intérêt; les contemporains ne sont plus là pour mettre à profit les vérités qui s'y révèlent et pour prendre à leurs récits un plaisir presque personnel. Ils n'ont plus qu'une valeur morale ou littéraire, et n'excitent plus qu'une curiosité oisive. »

Oisif tant qu'on voudra, mais je suis de

ceux qui savent se contenter, au besoin, de cette *valeur morale ou littéraire.*

Commencée en 1858, la publication des *Mémoires pour servir à l'histoire de mon temps* ne fut terminé qu'en 1867. L'ouvrage entier comprend huit volumes. On y chercherait en vain des renseignements biographiques ; M. Guizot ne donne sur sa vie privée que les détails qui sont étroitement liés à sa vie publique. — Passez, rêveurs et curieux ! il n'y a rien pour vous ici. — M. Guizot ne se met en scène qu'à vingt ans, c'est-à-dire à l'âge d'homme, et dès lors il appartient corps et âme à la politique. Son récit part de la Restauration pour s'arrêter au seuil de la Révolution de 1848, laissant de côté tout ce qui n'est pas le trône ou la tribune, les ministères ou les journaux ; on peut le considérer comme le résumé le plus complet, le plus scrupuleux, du gouvernement de Louis-Philippe, — comme un guide indispensable à travers ces ministères d'octobre, de mars, de juin, etc., où les lecteurs de l'avenir courent grand risque de s'égarer.

A ce point de vue, les *Mémoires pour servir à l'histoire de mon temps* serviront en effet, et beaucoup. Ils seront souvent consultés, et même lus. Le ton apologétique qui y domine n'est fait pour étonner personne. Je ne sais plus qui est-ce qui avait proposé de changer le titre en celui-ci : *Mémoires de quelqu'un qui a toujours eu raison*. Il y a un peu de vrai dans cette plaisanterie, mais pas autant qu'on serait disposé à le croire. M. Guizot a protesté lui-même, dans le passage suivant, contre sa prétendue infaillibilité :

« Dans le laisser-aller de la conversation, M. de Metternich prenait *à toutes choses*, à la philosophie, aux sciences, aux arts, un intérêt curieux. Il avait, et il se complaisait à développer sur *toutes choses*, des goûts, des idées, des systèmes ; mais, dès qu'il entrait dans l'action politique, c'était le praticien le moins hasardeux, le plus attaché aux faits établis, le plus étranger à toute vue nouvelle et moralement ambitieuse. De cette aptitude à tout comprendre, combinée avec cette prudence quand il fallait agir, et des longs succès que lui avait valu ce double mérite, était résultée pour le prince de Metternich une confiance étrangement, je dirais naïvement orgueilleuse dans ses vues et dans son jugement. En 1848, pendant notre retraite commune à Londres, *l'er-*

reur, me dit-il un jour avec un demi-sourire qui semblait excuser d'avance ses paroles, *l'erreur n'a jamais approché de mon esprit.* — J'ai été plus heureux que vous, mon prince, lui dis-je; je me suis plus d'une fois aperçu que je m'étais trompé. »

Le *plus heureux que vous* est d'une rare finesse[1].

Comme tous les faiseurs de *Mémoires*, il se préoccupe des générations prochaines, et de ce qu'elles penseront de lui; aussi n'épargne-t-il rien, selon une expression populaire, pour « mâcher la besogne » à la postérité, en vue d'un jugement définitif. Avec une bonhomie peut-être sincère, il annonce qu'il va donner la clef de sa politique et livrer le secret de son système gouvernemental. « Je voudrais, dit-il, transmettre à ceux qui viendront après moi, et qui auront aussi leurs épreuves, un

1. Je surprends encore M. Guizot en flagrant délit d'anecdote: « En 1830, au milieu de la perturbation qu'avait causée la révolution de Juillet, je vins un jour, comme ministre de l'intérieur, demander au Conseil où le baron Louis siégeait aussi comme ministre des finances, de fortes allocations. Quelques-uns de nos collègues faisaient des objections à cause des embarras du Trésor. — *Gouvernez bien*, me dit le baron Louis; *vous ne dépenserez jamais autant d'argent que je pourrai vous en donner.* »

peu de la lumière qui s'est faite pour moi, à travers les miennes. *J'ai défendu tour à tour la liberté contre le pouvoir absolu et l'ordre contre l'esprit révolutionnaire*, deux grandes causes qui, à bien dire, n'en font qu'une, car c'est leur séparation qui les perd tour à tour l'une et l'autre. »

Les *Mémoires* de M. Guizot forcèrent l'attention publique, et les premiers volumes s'enlevèrent rapidement. Ils eurent le privilége de raviver d'anciennes rancunes : mais en général l'impression fut favorable. M. Cuvillier-Fleury, dont l'admiration pour l'ancien ministre de Louis-Philippe va jusqu'à l'éblouissement, leur consacra un grand nombre d'articles dans les *Débats*. « Beau livre ! admirable ouvrage ! » s'écrie-t-il à chaque ligne. Et puis encore : « En le lisant, on se sent relevé de cette sorte de découragement douloureux où la défaite momentanée de leurs convictions plonge les plus fermes esprits. On y respire la sérénité, la santé morale. Si nous voulions nous servir *d'une de ces comparaisons trop familières à la critique moderne*, nous dirions que ce livre si élevé et si calme, avec tant de solides traces d'une expérience rompue à la pratique de la vie humaine, tant de hauteur et de diversité, tant de vif intérêt et d'altière élégance, donne l'idée de ces hautes montagnes aux courbes majestueuses et à l'aspect imposant, avec le bruit d'un grand fleuve qui roule ses eaux fécondes tout au loin dans la plus riche vallée... »

Pendant qu'il y était, M. Cuvillier-Fleury aurait pu comparer les *Mémoires* aux forêts et aux mers. Mais où a-t-il vu que de telles comparaisons étaient familières à la critique moderne ?

Je ne saurais éviter plus longtemps de présenter quelques observations sur le style de M. Guizot. Les échantillons que j'en ai semés au cours de cet article suffisent pour le faire connaître. Ce style dit clairement ce qu'il veut dire ; c'est le premier des mérites, assurément, mais ce n'est pas le seul. Il manque bien des choses au style de M. Guizot ; il manque l'émotion, le charme, la rapidité. Et cependant M. Guizot écrit rapidement, trop rapidement quelquefois, ce qui explique des phrases du genre de celle-ci : « Bien des hommes commettent des actions beaucoup plus mauvaises qu'ils ne le sont eux-mêmes. »

De tous ses écrits, les *Mémoires* sont le plus important, et, par conséquent, celui sur lequel je me plais à m'arrêter; il me satisfait souvent, mais jamais complétement. L'horizon y est limité, l'air y est mesuré. Tout se passe dans des cabinets, et à propos de cabinets. Un peu de ciel entrant tout à coup par la fenêtre ferait bien cependant, mais la politique ne veut pas de fenêtres ouvertes. M. Guizot trouve le moyen de raconter le gouvernement de Louis-Philippe, sans dire un mot du peuple, de la société, des mœurs, des habitudes, de tout ce que recherchent les autres historiens. C'est le triomphe de l'écorché.

Ses portraits ne sont pas tous également réussis, mais il y en a d'excellents, celui d'Armand Carrel, entre autres. Lamartine lui impose : il reconnaît en lui une attitude aussi noble que la sienne, avec la grâce en plus ; il s'avoue séduit par un langage doré, une expansion, une abondance harmonieuse qu'il a dû souvent envier. Il ne s'arrête pas autant qu'il le faudrait devant d'autres supériorités contemporaines. On sent qu'il a hâte de retourner à M. Molé, à M. Thiers, à M. Broglie, à M. Duchâtel, ses collègues de tous les jours. Il se sent à l'aise avec eux, il est dans son élément.

Voilà pourquoi, malgré des traits de premier ordre, les *Mémoires pour servir à l'histoire de mon temps* demeureront un ouvrage incomplet.

Entre temps (Shakspeare aurait dit : Activité, ton nom est Guizot !), l'auteur des *Mémoires* publiait la *Correspondance de Washington* ; et, conquis plus que jamais à la veine religieuse, développée sans doute par une solitude forcée, il donnait successivement à ses éditeurs : *l'Église et la société chrétienne en* 1861 ; *Méditations sur l'essence de la religion chrétienne ; Méditations sur l'état actuel de la religion chrétienne.* Excellents ouvrages, mais dénués absolument de ce qui fait le succès et surtout la popularité des ouvrages de ce genre, c'est-à-dire du zèle brûlant, de l'onction, de l'exaltation communicative [1].

1. En quête d'un morceau brillant pour son *Trésor littéraire*, recueil dans le genre de Noël et de La Place, la Société des gens de lettres n'a su découvrir qu'une page sur la *Science et la Foi*, qui résume la manière, — sérieuse jusqu'à la tristesse, — de M. Guizot, avec une monotonie qu'on n'est pas en droit d'attendre de lui :

III

En tout temps, à toutes les époques de sa vie, M. Guizot a cru à l'influence de l'Académie française, mais il y crut bien davantage lorsqu'il ne fut plus qu'académicien. Il rejeta toute son ardeur sur le Palais-Mazarin, qui devint pour lui comme un autre monastère de Saint-

« Toute science se sent bornée et incomplète ; tout homme qui étudie, quel que soit l'objet de son étude, quelque avancé et quelque assuré qu'il soit lui-même dans sa connaissance, sait qu'il n'a pas touché le terme de la carrière, et que, pour lui ou pour un autre, de nouveaux efforts amèneront de nouveaux progrès. La foi, au contraire, est à ses propres yeux une croyance complète et achevée ; s'il lui semblait que quelque chose lui reste encore à acquérir, elle ne serait pas ; elle n'a rien de progressif, exclut toute idée que rien lui manque, et se juge en pleine possession de la vérité qui en est l'objet. De là une prodigieuse inégalité de puissance entre ces deux genres de conviction : la foi, affranchie de tout travail intellectuel, de toute étude, puisqu'elle est complète en tant que connaissance, tourne vers l'action toutes les forces de l'homme ; dès qu'il en est pénétré, une seule tâche lui reste à accomplir, celle de faire régner, de réaliser au dehors l'idée

Just où il trompa les ennuis d'une abdication forcée. On prétend même qu'il s'amusa à y retarder les pendules. Dans tous les cas, les élections de la littérature lui rappellèrent les élections de la politique. Il se mit à la tête de la fraction la plus nombreuse de l'Académie ; ce fut chez lui qu'on alla prendre le mot d'ordre. Selon les circonstances, il fit de l'opposition ou de la concession aux gouvernements. Il a ouvert la porte à M. Dufaure et à M. le comte de Carné; il a laissé passer M. Camille Doucet et M. de Champagny. A

qui a sa foi. L'histoire des religions, et de toutes les religions, prouve à chaque pas cette énergie expansive et pratique des croyances qui ont revêtu les caractères de la foi. Elle se déploie même dans des occasions où elle ne semble nullement provoquée ni soutenue par l'importance morale ou la grandeur visible des résultats...

« C'est à lui-même que l'homme doit sa science : elle est son ouvrage, le fruit de son travail, la preuve et le prix de son mérite. Peut-être, au sein même de l'orgueil que lui inspire souvent une telle conquête, un secret sentiment vient-il l'avertir qu'en réclamant, en exerçant l'autorité au nom de la science, c'est à la raison, à l'intelligence d'un homme qu'il prétend soumettre les hommes : titre faible et douteux à un grand pouvoir, et qui, au moment de l'action, peut bien, même à leur insu, répandre dans l'âme des plus superbes quelque timidité. Rien de pareil ne se rencontre dans la foi. Quoique profondément individuelle, dès qu'elle est entrée, n'importe par quelle voie, dans le cœur de l'homme, elle en bannit toute idée d'une conquête qui lui soit propre, d'une découverte dont il se puisse attribuer la vrai dire, il ne se préoccupait que médiocrement des candidats purement littéraires. Cela se comprend de la part d'un homme qui ne tire pas sa principale supériorité de la littérature, — mais cela n'en est pas moins regrettable.

M. Guizot a été plusieurs fois directeur de l'Académie française ; comme tel, il a reçu tour à tour le comte de Montalembert, M. Biot, le père Lacordaire et Prévost-Paradol.

Le début de son discours à Lacordaire est resté particulièrement célèbre :

gloire : ce n'est plus de lui-même qu'il s'occupe ; tout entier à la vérité à laquelle il croit, aucun sentiment personnel ne se mêle plus pour lui à sa connaissance, si ce n'est le sentiment du bonheur qu'elle lui procure et de la mission qu'elle lui impose. Le savant est le conquérant, l'inventeur de sa science : le croyant est l'agent, le serviteur de sa foi...

« Qu'on regarde combien différent l'orgueil qui naît de la science et celui qui accompagne la foi : l'un est dédaigneux, plein de personnalité : l'autre est impérieux et plein d'aveuglement ; le savant s'isole de ceux qui ne comprennent pas ce qu'il sait ; le croyant poursuit de son indignation ou de sa pitié ceux qui ne se rangent pas à ce qu'il croit ; le premier veut qu'on le distingue, le second que tous s'unissent à lui sous la loi du maître qu'il sert, etc., etc. »

Cela pourrait aller ainsi jusqu'à demain. J'ai tenu à donner ce fragment parce qu'il caractérise tout à fait M. Guizot, écrivain religieux. Là encore l'attrait manque complétement. Il faut écrire au bas le mot terrible : Ennuyeux.

« Que serait-il arrivé, monsieur, si nous nous étions rencontrés, vous et moi, il y a six cents ans, et si nous avions été, l'un et l'autre, appelés à influer sur nos mutuelles destinées ?... Il y a six cents ans, monsieur, si mes pareils de ce temps vous avaient rencontré, ils vous auraient assailli avec colère comme un odieux persécuteur ; et les vôtres, ardents à enflammer les vainqueurs contre les hérétiques, se seraient écriés : « Frappez, frappez toujours ; Dieu saura bien reconnaître les siens ! » Nous sommes ici, vous et moi, monsieur, les témoignages vivants et les heureux témoins du sublime progrès qui s'est accompli parmi nous dans l'intelligence et le respect de la justice, de la conscience, du droit, des lois divines, si longtemps méconnues... Personne aujourd'hui ne frappe plus et n'est plus frappé au nom de Dieu. »

Ce discours fit beaucoup d'honneur à M. Guizot auprès des esprits élevés, mais il effaroucha quelques chefs du parti protestant. Il y eut réponses et querelles.

La harangue au malheureux Prévost-Paradol ne rencontra pas les mêmes écueils ;

toutefois, M. Guizot ne s'y montra pas bon prophète. Voici en quels termes il apostropha l'Eliacin de l'Université, le Benjamin des *Débats :*

« Vous êtes jeune, et l'avenir est devant vous ; qui sait quelle destinée il vous réserve, et quel emploi il fera de vous pour le service de la France ? Vous êtes d'une génération en qui la France espère. La France est la patrie de l'espérance ; elle s'égare quelquefois à la poursuite de ses grands désirs de progrès et de liberté, et elle ne s'arrête pas toujours au but, même quand elle y touche ; mais elle n'y renonce jamais ; même fatiguée et découragée en apparence, elle garde toujours dans son cœur ses généreux instincts, décidée à toujours compter sur ses fils, quels qu'aient pu être les mécomptes et les revers de leurs pères. Vous êtes, monsieur, de ceux à qui il appartient d'aider au succès de notre époque dans sa difficile tâche, la pratique efficace du gouvernement libre. Vous aurez autant, vous n'aurez pas plus de respect et de dévouement que vos devanciers pour la vérité, le droit, la liberté, l'ordre légal, le bien public.

Je vous souhaite de moins rudes combats et plus de bonheur. »

Est-ce le mot de l'amertume ? est-ce le mot de la résignation ?

Guizot est mort à près de quatre-vingt-dix ans.

JULES JANIN

Tout ce qu'il y a au monde de gai, de vif, de riant, de brillant, d'alerte, de jeune, d'inconscient, de spirituel, s'éveille à ce nom. Le facile talent et l'heureuse existence ! Voyez Jules Janin arriver à Paris vers les dernières années de la Restauration, confiant, hardi, les cheveux joliment bouclés. Il s'annonce tout d'abord, comme Figaro, par un bruissement de guitare et par un frémissement de tous les grelots cousus à sa veste. Sur-le-champ il pose un genou en terre et se met à écrire sur l'autre. Le voilà parti, il ne s'arrêtera plus.

Et toujours il a écrit sur son genou, fredonnant, insouciant, aussi à l'aise dans les journaux que Figaro sur la place publique.

Dirai-je tout le chemin qu'il a fait, c'est-à-dire tous les arpents de papier qu'il a couverts de ses indéchiffrables pattes de mouche, avant d'arriver à l'Académie française? Cela me conduirait bien loin et cela m'égarerait parfois. A peine débarrassé de la poussière des colléges, il avait pris un pied dans la critique théâtrale; il en prit bientôt quatre. Ce n'est pas qu'il s'intéressât plus que de raison à l'art dramatique; au fond, comme toujours, il s'en est médiocrement soucié. Le principal pour lui, à l'heure où il arrivait, — c'est-à-dire au milieu de la mêlée romantique, — c'était de publier un livre. Ce livre, le nouveau débarqué de Saint-Étienne ne manqua pas de le faire, et il le fit aussi bizarre, aussi monstrueux, aussi charmant, aussi paradoxal, que l'époque le demandait.

L'année 1829, qui vit naître *Notre-Dame de Paris* et les poésies de *Joseph Delorme*, vit paraître l'*Ane mort et la femme guillotinée*, une fantaisie à rendre Sterne jaloux dans sa tombe. Je laisse à penser l'effet que produisit dans le public un titre pareil. Peu de temps après, M. Janin publia *Barnave*, un ouvrage plus singulier encore, moitié roman, moitié histoire, auquel plusieurs collaborations anonymes donnèrent la saveur d'un pamplet. La préface en est toute dirigée contre la branche d'Orléans.

Je possède la première édition, devenue rarissime, de ce *Barnave* ; j'y relève, en tête des chapitres, un grand nombre d'épigraphes (c'était la mode alors) qui me sont une source précieuse d'indications pour fixer les sympathies et les amitiés d'alors de Jules Janin.

« Approchez, il n'y a que des fauteuils ici. — F. PYAT.

» Tu es faux comme la poignée de main d'un ministre de l'intérieur. — NESTOR ROQUEPLAN.

» Combien as-tu vu de corneilles ? — BRUCKER.

» De la barbe, les capucins en ont ; les boucs en ont aussi. — H. DE LATOUCHE.

» Prenez ceci, je suis en fonds. — AUGUSTE BARBIER.

» Nous allions au feu, la poitrine nue, en chemise, et chantant l'air national : *la Joyeuse Margot*. — ARMAND CARREL.

» Dites-moi si je m'amuse, mon précepteur. — LÉON BERTRAND.

» Les heures ne seront plus que de quatre-vingt-dix minutes à l'horloge de l'Institut. — V. BOHAIN.

» Ton roman commence bien tard. — ÉTIENNE BÉQUET.

» Gilpain partit au grand galop ; adieu son chapeau et sa perruque ! Il ne se doutait guère en partant qu'il courrait si grand train. — GOZLAN.

» Il est trop tard. — EUGÈNE SUE. »

Et bien d'autres encore, plus ou moins extraordinaires, signées Roger de Beauvoir, Alphonse Royer, Eugène Chapus, etc., etc. On voit que Jules Janin fraternisait, sauf quelques rares exceptions, avec toute la jeune génération littéraire. Ce *Barnave* n'est, à proprement parler, qu'un accès de fièvre chaude ; on s'en effraya presque autrefois ; on en sourirait aujourd'hui. On y lit cette profession de foi qui porte bien la marque de M. Janin : « Si la critique vient me dire : Ceci s'est passé le 31 décembre 1789 et non pas le 1er janvier 1790 ; celui-ci vivait alors, celui-là était mort ; je me rangerai du côté de la critique, mais je soutiendrai que ce n'est pas ma faute, que l'un a eu tort d'être vivant, l'autre d'être mort, ne fût-ce que par mon histoire, et que, pour les punir l'un et l'autre, je ne changerai pas à mon histoire un seul mot. »

Ces deux ouvrages, qui avaient la valeur de deux coups de pistolet tirés par la fenêtre (il y avait de quoi se boucher les oreilles à cette époque, tant ces sortes d'explosions étaient fréquentes !), jetèrent le nom de Jules Janin à la foule.

Comment se fait-il que les frères Bertin, du *Journal des Débats*, le choisirent alors pour remplacer dans le feuilleton dramatique Hoffmann et Duvicquet, les plus corrects d'entre les écrivains classiques? C'est ce que je ne me charge pas d'expliquer. A peine installé au rez-de-chaussée de cette importante feuille, Jules Janin y fit un vacarme de tous les diables; il y importa le style de Diderot, du Diderot du *Neveu de Rameau* et de *Jacques le fataliste*, du Diderot débraillé, gesticulant dans sa robe de chambre et jetant sa pantoufle au nez du lecteur. On s'étonna d'abord, puis on s'habitua à cette note enjouée, qu'il a comparée lui-même à celle du fifre, à ce *turlututu* de tous les huit jours. Cette modeste signature de J. J. acquit bientôt l'importance d'un *Mané*,

Thécel, Pharès. On était alors dans les premiers temps du journalisme ; un monsieur qui parlait d'un acteur était un être redouté. Jules Janin acquit et mérita bientôt le surnom de *prince des critiques*.

Les gens de mon âge (lequel n'a rien cependant de fabuleux, ô lectrices !) se souviennent d'un Janin rayonnant, flamboyant, la poitrine tapissée d'un immense gilet blanc, — ce fameux gilet blanc du « critique influent » dont il est question dans les *Scènes de la vie de bohème* d'Henry Murger. La caricature et les petits journaux mirent le sceau à sa réputation en s'emparant de sa vie privée ; à les en croire, il ne pouvait travailler que coiffé d'un bonnet de coton, — et Grandville a rendu légendaire ce bonnet de coton dans une planche lithographique coloriée.

Il faut l'excuser s'il lui est arrivé d'abuser de son pouvoir (à de certaines hauteurs, le vertige vous gagne facilement), s'il a, tour à tour, inventé et renversé Rachel, s'il a patronné l'*école du bon sens* et poussé Lucrèce à travers les *Burgraves*, s'il a malmené Alexandre Dumas, George Sand, Balzac. Tout cela est connu et ressassé ; tout cela se perd dans un ensemble considérable de travaux qui désarme par son charme incessant, par son entrain continuel.

Le *Journal des Débats* ne l'accaparait pas tellement qu'il ne pût déverser le trop-plein de sa verve (Molière aurait dit : le superflu) dans les recueils environnants, dans la *Revue de Paris*, dans le *Musée des Familles*, dans le *Journal des Enfants*, dans l'*Artiste*, dans les encyclopédies, dans les dictionnaires, dans mille autres lieux encore. Il ne savait se refuser à aucune commande ni à aucune demande, à aucune préface, à aucun prospectus. Il obéissait à son tempérament d'improvisation. Comme Mercier, il aurait pu s'intituler *le premier articlier de France*. Sa profession de foi, il a éprouvé le besoin de l'écrire, à cette époque, sous le titre de *Manifeste de la littérature facile*, et c'est une page exquise, un enchantement, une joie, pour parler son propre style.

Ce manifeste répondait à un article, d'ailleurs très-bien fait, de M. Nisard, sur les intempérances de la littérature *facile*. — Ah ! il fallut voir l'ardeur, la pétulance, l'impertinence adorable avec lesquelles Jules Janin se hâta de riposter ! J'ai les pièces sous les yeux.

« C'est un honneur que j'accepte avec toutes ses conséquences, écrivait-il, je ramasse votre gantelet de fer ; venez ramasser le frêle gant jaune serin que j'emprunte, tout exprès pour vous le jeter, à la plus jolie femme de France ! »

Quel aimable temps que celui-là ! Les belles passions littéraires ! Le noble emportement ! Et, comme jusqu'à : *Je vous hais !* tout se disait tendrement, spirituellement ! — M. Jules Janin n'y allait pas cependant de main morte lorsqu'il criait à son contradicteur : « Va-t'en, paria, va-t'en écrire des traductions à vingt-cinq francs la feuille pour M. Panckoucke ! Tu n'es plus des nôtres ; tu n'es plus le facile bohémien qui improvisait, mollement couché au soleil, sous l'ombre du hêtre ; tu es un savant, un annotateur, un homme à palmes vertes, en un mot tout ce qu'on n'est plus. Malheureux et infortuné, *tu seras de l'Institut !* »

C'était la grande injure alors : *Tu seras de l'Institut !* Alfred de Musset écrivait, de son côté, le fameux vers :

> Nu comme le discours d'un académicien.

Ils en étaient tous là, ou à peu près, et

Théophile Gautier aussi. Plus tard, comme les autres, Jules Janin devait revenir de ses préventions sur l'Institut et sur les palmes vertes. Il se présenta une première fois en 1865, et fut refusé; il en prit gaiement son parti et publia son *Discours de réception... à la porte de l'Académie française*. Ce n'était pas, comme on pouvait le supposer, une charge à fond de train contre l'institution du cardinal de Richelieu. On y remarquait des restrictions avisées qui permettaient et faisaient même pressentir un retour à cette porte mal close.

Voici en quels termes M. Jules Janin s'exprimait : « Qui que nous soyons, petits ou grands, inconnus ou célèbres, parlons avec respect de l'Académie! Elle assistait, courageuse, aux plus cruelles tempêtes ; elle a subi les plus terribles orages; encore aujourd'hui, après tant de gouvernements emportés dans l'abîme, elle est restée un refuge, un abri. C'est la plus ancienne de toutes les institutions abolies, et cependant la voilà vivante encore. Elle a tout subi, tout supporté ; elle a fait des choix indignes... elle a recruté des hommes qui l'ont trahie, outragée et reniée... Soudain la voilà qui se relève et qui resplendit d'une clarté inattendue. Aux événements vraiment glorieux, elle ajoute un peu de gloire ; aux vaincus elle prête une auréole : elle donne à tout le monde, elle n'ôte à personne; et même ceux qu'elle accable injustement de ses rigueurs, elle ne les laisse pas tels qu'ils étaient avant qu'ils eussent supporté ses refus... Un refus de l'Académie est une distinction qui se compte, et c'est déjà un certain honneur d'en avoir été éconduit. »

Tout cela est fort bien, mais à une autre époque, M. Jules Janin n'aurait sans doute pas accepté la chose aussi patiemment ; l'âge amène la prudence et modifie les points de vue. A vrai dire, le refus de l'Académie n'était qu'un ajournement. Il arrive toujours une heure où il lui faut compter avec les gens d'esprit ; cette heure est plus ou moins tardive, selon que la polémique a tenu plus ou moins de place dans leur vie, comme chez M. Jules Janin. — Songez donc aux amours-propres, aux vanités, aux intérêts qu'il avait dû froisser, depuis plus de quarante ans qu'il s'escrimait de cette plume qu'il appelait un « outil léger, » en empruntant une image au sculpteur Falconet! Si léger qu'ait été cet outil entre les mains de Jules Janin, la pointe d'acier s'en est souvent fait sentir à ses contemporains. De là les retards, les difficultés, les hésitations de l'Académie française. Dirai-je qu'il a fallu attendre certains décès et pactiser avec certaines rancunes? On doit le supposer.

Enfin, trois ans après, on lui donna le fauteuil de Sainte-Beuve, qui avait été aussi le fauteuil de Fénelon ; mais (admirez la fatalité!) il n'eut pas la douceur de pouvoir s'y asseoir tout de suite; la révolution et la guerre se disputaient notre malheureuse France; le rôle de l'Académie était interrompu. M. Jules Janin dut attendre deux ans encore, jusqu'au mois de novembre 1871. Il avait alors soixante-sept ans, des cheveux blancs et la goutte. Voilà les conditions dans lesquelles le triomphe vint le chercher.

J'assistais à sa séance de réception ; je peux dire comment les choses s'y passèrent. M. Camille Doucet présidait. Le public n'était ni plus ni moins brillant qu'à l'ordinaire; depuis plusieurs années, les réceptions académiques avaient beaucoup perdu de leur éclat.

On était venu à l'Institut bourgeoisement, les femmes en mantelet, les hommes en paletot. Plus de cravates blanches, plus de gants blancs. O décadence ! ô fin de toutes les traditions ! Jadis, *dans cette enceinte,* que d'épaules nues ! que de riches costumes officiels *sous cette coupole !* que d'uniformes variés ! C'est là que j'ai pu voir, dans ma jeunesse, les dernières *Muses* du règne de Louis-Philippe, coiffées des derniers turbans et des derniers oiseaux de paradis, le cou ceint d'un long *boa.* Aujourd'hui il n'y a plus de *Muses,* il n'y a plus que de braves dames, habillées comme tout le monde et faisant partie de la Société des gens de lettres.

Après que les tambours eurent battu aux champs, M. Jules Janin fut introduit par ses deux parrains, soutenu par eux, car la goutte ne l'avait pas quitté. Cette ronde figure, éclairée par deux petits yeux fins, et encadrée encore par quelques mèches voltigeantes, produisit une impression singulière sur le public. Toute une époque réapparaissait, fatiguée, mais complète. On se tut pour l'écouter. Alexandre Dumas fils le guettait des yeux. Le duc d'Aumale attendait sa parole.

Jules Janin semblait heureux de son bel habit vert, et sa main s'appuyait avec complaisance sur sa belle épée à poignée d'argent. — Une épée ! un habit vert ! Tout ce qu'un homme de lettres ose à peine rêver dans ses rêves les plus extravagants ! Plus qu'un commissaire de police ! plus qu'un président de société agricole !

Et cependant, au bout de quelques minutes, le front de M. Jules Janin se rembrunissait. M. Janin se disait sans doute, en dépit de la sympathie évidente dont il se sentait l'objet, que les temps étaient bien changés, et que ces honneurs lui arrivaient bien tard, après tous ses frères d'armes, tous ses collègues, tous ses émules, tous ses contemporains, la plupart disparus, emportés ou éteints, après Villemain, Vitet, Alfred de Vigny, Lamartine, Musset, Prosper Mérimée et les autres. Il se disait cela en écoutant d'un air surpris, et comme un écho lointain, son propre discours lu par M. Cuvillier-Fleury, et qui semblait un discours de M. Cuvillier-Fleury lui-même.

Ce discours peut compter parmi les bons feuilletons de Jules Janin, mais ce n'est qu'un feuilleton. Sainte-Beuve y est caressé plutôt qu'analysé. On y sent la main d'un successeur plutôt que le scalpel d'un confrère. Et puis l'auteur des *Gaietés champêtres* est-il bien fait pour goûter et apprécier l'auteur de l'*Histoire de Port-Royal ?*

Quant à la réponse de M. Camille Doucet, tenez-la pour un morceau charmant de tous points, et qui aurait été applaudi même au théâtre.

L'heure de l'Académie avait semblé sonner l'heure de la retraite pour M. Jules Janin. De loin en loin, on put le lire encore dans les *Débats*, mais on ne le vit plus dans les théâtres. L'âge saisit aux jambes ce vigoureux athlète.

Embrassons d'un rapide regard la carrière parcourue et les livres semés en route, comme autant de pommes d'or. Le nombre en est prodigieux ; dirai-je que les plus petits sont les meilleurs ? cela aurait l'air d'un mauvais compliment ; et cependant, je suis tenté de rappeler, parmi ces derniers, *Deburau* (une plaquette devenue introuvable), les *Catacombes*, *Béranger et son temps*, *Voyage en Italie*, l'*Amour des livres*, les *Contes fantastiques* et les *Contes nouveaux*, etc. ;

Autant il excelle dans le chef-d'œuvre en quelques pages, où il fait tout tenir, autant il paraît se dérober dans les compositions de longue haleine. Il manque des qualités les plus essentielles du romancier. Il s'essouffle vite ; son style, qu'on a souvent essayé de caractériser, va de l'homélie à la tarentelle. Rien de plus facile à pasticher; Balzac est celui qui y a le mieux réussi. Si vous voulez en être convaincu, lisez, dans *Un grand homme de province à Paris,* ce surprenant compte rendu de *l'Alcade dans l'embarras* :

« On entre, on sort, on parle, on se promène, on cherche quelque chose et l'on ne trouve rien ; tout est en rumeur. L'alcade a perdu sa fille et retrouve son bonnet ; mais le bonnet ne lui va pas, ce doit être celui d'un voleur. Où est le voleur ? On cherche de plus belle; l'alcade finit par trouver un homme sans sa fille et sa fille sans un homme, ce qui est satisfaisant pour le magistrat et non pour l'alcade. Le calme renaît, l'alcade veut interroger l'homme ; ce vieil alcade s'assied dans un grand fauteuil d'alcade, en arrangeant ses manches d'alcade. L'Espagne est le seul pays où il y ait des alcades attachés à de grandes manches, où se voient autour du cou des alcades ces fraises qui sont la moitié de leurs fonctions. Et quel admirable alcade! quelle bêtise importante! quelle dignité stupide! quelle hésitation judiciaire! Comme homme cet alcade sait bien que tout peut devenir alternativement faux et vrai! etc., etc. »

Tout le morceau est enlevé sur ce ton; à coup sûr, c'est du Janin.

Ce qui est au-dessus de tout pastiche, c'est sa ravissante traduction d'Horace, paraphrase plutôt que traduction, mais paraphrase miraculeusement imprégnée du sentiment du poëte latin et de son époque.

Il est sur les hauteurs de Passy, dans la rue de la Pompe, une habitation coquette en forme de chalet, environnée de beaux et grands arbres. C'est là que Jules Janin a terminé son existence au milieu de ses parents et de ses amis.

FRÉDÉRIC SOULIÉ

« Paris est le tonneau des Danaïdes : on lui jette les illusions de sa jeunesse, les projets de son âge mûr, les regrets de ses cheveux blancs; il enfouit tout et ne rend rien. O jeunes gens que le hasard n'a pas encore amenés dans sa dévorante atmosphère, ne venez pas à Paris si l'ambition d'une sainte gloire vous dévore ! Quand vous aurez demandé au peuple une oreille attentive pour celui qui parle bien et honnêtement, vous le verrez suspendu aux récits grossiers d'un trivial écrivain, aux récits effrayants d'une gazette criminelle; vous verrez le public crier à votre muse : Va-t'en, ou amuse-moi; il me faut des astringents et des moxas pour ranimer mes sensations éteintes ; as-tu des incestes furibonds ou des adultères monstrueux, d'effrayantes bacchanales de crimes ou des passions impossibles à me raconter ? Alors parle, je t'écouterai une heure, le temps durant lequel je sentirai ta plume âcre et envenimée courir sur ma sensibilité calleuse ou gangrenée ; sinon tais-toi, va mourir dans la misère et l'obscurité. — La misère et l'obscurité, entendez-vous, jeunes gens ? La misère, ce vice puni par le mépris ; l'obscurité, ce supplice si bien nommé. La misère et l'obscurité, vous n'en voudrez pas ! Et alors que ferez-vous, jeunes gens ? Vous prendrez une plume, une feuille de papier, et vous écrirez en tête : *Mémoires du Diable*, et vous direz au siècle : Ah ! vous voulez de cruelles choses pour vous réjouir ; soit, monseigneur, voici un coin de votre histoire. »

La vie de Frédéric Soulié est toute dans ces lignes, — préface amère d'un livre de rage et de larmes.

En a-t-il fait passer assez de douleurs inouïes, d'aventures étranges, de drames éplorés, sous cette arche triomphale élevée à Satan dans un jour de désespoir ! Ce n'était plus avec une plume, c'était avec un charbon rouge qu'il écrivait. Son diable n'avait aucune des traditions de Lewis ou de Maturin ; il était vêtu de noir et de blanc comme un valseur, mais il était réel comme un procureur du roi. Cela le rendait encore plus effrayant à voir et à lire. — Frédéric Soulié, qui l'avait appelé à lui pour fuir la misère et l'obscurité, une nuit que ses larmes tombaient silencieusement sur ses vers inconnus et sur ses histoires d'amour incomprises, dut hésiter avant de se cramponner à la queue du manteau qui allait l'enlever de terre. Il renonçait pour longtemps, pour toujours peut-être, aux douces causeries avec la muse de sa jeunesse et de son cœur ; il partait pour un voyage lointain et hardi, à travers les routes tortueuses du monde, les alcôves, les boudoirs, les comptoirs, les estaminets et la cour d'assises. Il pouvait ne pas revenir de ce voyage.

Il n'en est pas revenu, en effet.

A dater de cette heure, sa littérature est devenue une littérature à coups de pistolet, un couteau incessamment plongé et remué dans la gorge de l'humanité, une perpétuelle cause célèbre. A peine si de temps en temps il lui a été donné de se ressouvenir, comme dans le *Lion amoureux*, qu'il y avait çà et là des amours chastes dispersés sur la terre, des bouquets séchés à des corsages de seize ans, des rendez-vous sous les tilleuls enivrants des avenues. Le diable l'emportait dans une course sans frein, haletante, pleine de ricanements. Et tous les deux s'en allaient terribles, implacables, tuer des hommes, déshonorer des femmes, déchirer des voiles et des parures, pour le seul plaisir de philosopher tranquillement, un instant après, au fond d'un ravin, ou sur un sopha taché de sang. — Pauvre Frédéric Soulié ! né poëte, mort poëte, sans avoir eu son heure suprême de poésie !

C'était une plume vaillante, un esprit énergique, un talent incontestable. Son nom reste attaché à plus de cent volumes ; roman, drame, histoire, opéra, critique même, il a tout abordé, il a touché à tous les rivages de la littérature. Sans avoir la loupe microscopique de Balzac, la touche passionnée de George Sand, la verve gasconne d'Alexandre Dumas, il a glorieusement conquis une place à leur côté. Ceux-ci avaient l'esprit, la grâce, la fantaisie, l'amour, la passion ; lui a eu la force, qui lui a souvent tenu lieu de tout. Aussi, quels muscles dans ses drames! C'est l'homme des colères par excellence, des haines vigoureuses, des violences! — Et jusqu'à : *Je vous aime!* tout s'y dit brutalement. Cette brutalité a fait deux ou trois chefs-d'œuvre : *Clotilde*, les *Mémoires du Diable* et la *Closerie des Genêts*.

Il débuta vers 1830, comme tout le monde, avec des drames à la Shakspeare et deux ou trois romans dans le goût de sir Walter Scott. On lui siffla ses drames, comme on sifflait tous les drames en ce temps-là. « C'est, en vérité, un pitoyable métier que celui d'auteur dramatique, s'écrie-t-il dans une préface... vous avez égorgé mon drame sans le connaître!... » Pourtant, il ne se rebuta pas, parce qu'il avait la force. Le Théâtre-Français lui fut plus heureux que l'Odéon. Il fit des comédies avec M. Bossange, avec M. Arnauld, avec M. Badon ; il fit un opéra-comique avec Monpou, le pittoresque musicien qui l'a précédé au tombeau ; — et d'opéra en comédie, de comédie en drame, de drame en roman, il commença peu à peu à s'appeler Frédéric Soulié.

Alors, il se remit à travailler tout seul, *Clo-*

tilde avait donné la mesure de ce talent fougueux et volontaire ; *Diane de Chivry* en révéla les aspects attendris. Il entra en maître dans le roman-feuilleton, botté, éperonné, cravaché, et il lança à fond de train dans les journaux ses histoires altières et sauvages. Pendant dix ans il s'est attaché à peindre la société sous les couleurs les plus sombres ; pendant dix ans il a disputé pied à pied le premier rang où il s'est placé du second coup ; pendant dix ans il a tenu en échec les succès d'Eugène Sue; il a balancé la fécondité de l'auteur des *Mousquetaires;* il a fait tête aux nouveaux venus poussés de toutes parts et dressés en une nuit autour des réputations anciennes. Rien n'a réussi à l'abattre, nul ne l'a fait pâlir. Seulement, quand la critique a été lasse de le mordre par les côtés attaquables de ses livres et de ses pièces, il s'est retourné et il s'est fait critique à son tour ; critique de théâtre et de roman ; rien que pour quelques semaines, — histoire de rire, — et mal en a pris à ses détracteurs. C'était la griffe du léopard jouant à la main chaude.

Nous ne rappellerons pas tous les romans

de Frédéric Soulié, dont il est réservé à l'avenir de faire le triage. Plusieurs ne sont que de chaleureuses improvisations. Nous nous contenterons d'en citer trois ou quatre, tels que le *Maître d'école*, brûlante esquisse révolutionnaire; les *Drames inconnus*, qui contiennent une idée immense, et la *Comtesse de Monrion*, — bonne chose.

C'est plutôt par l'idée que par la forme, et c'est surtout par l'action, par le sentiment, par la véhémence en un mot, que la plupart des œuvres de Frédéric Soulié resteront vivantes dans l'histoire littéraire du XIXe siècle. Nous le répétons, parce que là est le côté distinctif de son talent. Chez lui, la forme, à proprement parler, ne tient le plus souvent qu'une place secondaire. Il marche, non point pour faire admirer la grâce de sa tournure ou la richesse de son habit, mais pour arriver tout bonnement au but qu'il se propose. Ce n'est point un auteur petit-maître, chaussé d'escarpins à talons rouges, qui procède par entrechats et par cabrioles, faisant la roue et secouant la poudre de ses cheveux ; c'est un voyageur en souliers ferrés, avec un bâton ferré, emporté sur un chemin ferré. S'il rencontre en route une bonne fortune de style, il la saisit par la fenêtre du wagon, mais il ne la guettera point; ou si, dans l'intervalle d'une station, il s'arrête à piper des mots en l'air, ce sera alors quelque grosse excentricité, comme « une voix éperonnée de sourires moqueurs ; » mais ces curiosités sont rares chez lui, et il faut vraiment qu'il n'ait rien de mieux à faire pour s'amuser à guillocher des phrases.

Au théâtre, son succès est peut-être moins net, moins franc, moins décidé. Longtemps il a cherché sa route à travers la tragédie, la comédie et le drame; souvent on dirait qu'il se sent à l'étroit sur les planches : il est saccadé, contraint : il ose trop et n'ose pas assez. Le *Proscrit* et *Gaëtan*, quoique renfermant des scènes d'une beauté réelle, sont peut-être indignes de l'homme qui a écrit *Clotilde*. Dans ses derniers temps il avait installé son drame en plein boulevard. Son drame s'appela dès lors l'*Ouvrier*, les *Étudiants*, la *Closerie*, et devint le drame du peuple. Il dit adieu aux grandes dames de la comédie, comme il avait déjà dit adieu aux grandes dames du roman; il prit ses héros et ses héroïnes dans la rue, dans la mansarde, un peu partout; il ne s'inquiéta pas s'ils étaient bien ou mal vêtus, bien ou mal nourris. Il copia ses ouvriers comme Murillo copiait ses mendiants, avec la même fierté dans le réalisme. — Sa dernière œuvre indiquait un acheminement à la véritable poésie, simple et forte, à la poésie du cœur.

Frédéric Soulié est mort à quarante-sept ans.

HENRY MURGER

Henry Murger est mort le 28 janvier 1861, à dix heures moins un quart du soir, dans la nouvelle maison Dubois, au faubourg Saint-Denis. Il est mort d'une mort horrible, barbare, injuste. Une de ces affections charbonneuses qui ne pardonnent pas, ou qui ne retardent leurs effets que de complicité avec les plus monstrueuses souffrances, a dévoré en quelques jours ce corps qu'animaient une âme exquise et un esprit élevé. Henry Murger n'avait pas trente-neuf ans. On a voulu rattacher sa mort aux privations premières de sa jeunesse, en faire la conséquence d'une existence trop disputée pour n'avoir pas été atteinte jusque dans ses sources profondes ;

mais les médecins ne nous ont pas tenu ce langage. Ils n'ont vu dans le coup de foudre qui l'a renversé qu'un accident en dehors de toutes les prévisions, qu'une calamité indépendante des calamités du passé. Ceux qui cherchent absolument une logique au trépas, n'avaient sans doute pas rencontré Henry Murger dans ses dernières années : sa carrière rendue désormais facile, son séjour constant à la campagne, ses affections groupées autour de lui, tout avait contribué à effacer les traces d'un noviciat littéraire qui compta parmi les plus pénibles ; l'aurore d'une seconde jeunesse s'annonçait même en lui par une légère pointe d'embonpoint. Fait chevalier de la Légion d'honneur, accueilli dans les salons où l'on fête encore l'esprit, hautement estimé de tous les lettrés, vivement goûté du public, l'auteur du *Dernier Rendez-vous* était sur la route de l'Académie, lorsqu'une erreur brutale de la maladie l'a jeté tout à coup sur le lit de la Maison municipale de santé !

La biographie d'Henry Murger comporte peu de développements. Je lui ai entendu dire que sa famille était originaire de Savoie.

Il est né à Paris ; il y fit des études assez hâtives, mais d'où la latinité ne fut pas exclue. On le plaça dans une étude, comme Scribe, comme Henry Monnier, comme Balzac; il y resta assez de temps pour prendre en horreur le papier timbré. Une place de secrétaire chez un grand seigneur russe lui fut offerte : il l'accepta. Hantant le quartier Latin, qui était alors un Paris dans Paris, il s'y lia avec une bande de jeunes gens qui, depuis, se sont tous créé d'importantes positions : — avec M. Auguste Vitu, aujourd'hui l'un des principaux journalistes politiques; avec M. Champfleury, le romancier si discuté et si populaire; avec M. Fauchery, l'ex-correspondant-voyageur du *Moniteur;* avec MM. Théodore de Banville, d'Héricault, Charles Baudelaire, Barbara, Gustave Courbet, Bonvin, Armand Barthet, et tant d'autres.

La publication périodique des *Scènes de la Bohème*, dans le journal *le Corsaire*, le mit en lumière pour la première fois. On ne publie pas impunément à Paris une vingtaine de nouvelles pleines de sentiment, d'originalité et d'esprit. Un éditeur à ses débuts, M. Michel Lévy, s'empressa de les réunir en volume ; un vaudevilliste, dont quelques succès avaient consacré le nom, M. Barrière, offrit de les grouper en une pièce en cinq actes. On se rappelle la réussite sympathique de la *Vie de Bohème*. Du jour au lendemain, Henry Murger se vit l'objet des sollicitations des directeurs de théâtre et des directeurs de journaux; — il opta en faveur de ces derniers; ce fut un tort au point de vue de ses intérêts matériels. M. Buloz, le propriétaire de la *Revue des Deux Mondes*, prenant ses rédacteurs partout où il les trouvait, dans les chancelleries comme dans les coulisses, prit Henry Murger au théâtre des Variétés, et il lui fit monter ce petit escalier de la rue Saint-Benoît, qu'ont monté la plupart des illustrations de notre époque. Je ne sais si cette rencontre fut un bien pour Murger ; je crois cependant que la *Revue des Deux Mondes* a étouffé en lui la note joyeuse au profit de la note mélancolique, et rien au monde ne m'empêchera de regretter le développement de la première, qui me semblait la plus riche et la plus variée.

Lié par un traité presque exclusif à ce recueil, le premier par les traditions, et où chaque nouveau venu est involontairement amené à laisser quelques pans de sa personnalité, Murger y publia, pendant une période de sept ou huit années, ces romans dont les titres rappellent aux lecteurs tant d'heures délicieuses : *Claude et Marianne* (devenue en librairie *le Pays latin*), *les Buveurs d'eau*, *Adeline Protat*, *les Vacances de Camille*, *le Dernier Rendez-vous*. Cette dernière œuvre, qui n'a peut-être pas plus de cent pages, est une des choses les plus réussies et les plus fermement écrites qui soient sorties de sa plume. — Il est à remarquer, à ce propos, que *la Revue des Deux Mondes*, que tant d'abonnés prosternés dans la poussière s'accoutument à regarder comme l'arche sainte du rigorisme et du *cant*, doit particulièrement son lustre et son succès à ces écrivains, qualifiés poliment d'excentriques par le monde, et qui se sont appelés tour à tour : Alfred de Musset, Gustave Planche, Gérard de Nerval, Henry Murger.

C'est peut-être là un fait significatif. Ces quatre talents, ces quatre personnalités, ces quatre destinées, ayant vécu et succombé dans le même milieu, ont un air de parenté qu'on ne méconnaîtra pas. Tous les quatre, obéissant à des tempéraments exceptionnels, assujettis à des nécessités intimes, et cependant avides d'indépendance, avaient peut-être droit à une place à part dans notre société, place que leur méritaient à la fois leur conscience dans le travail, leur discrétion dans la pauvreté, leur noblesse dans la souffrance. — A un talent exceptionnel ne faut-il pas un salaire exceptionnel ? — Je voudrais m'expliquer davantage, et je n'ose. Pourtant, il est utile que le public apprenne ce que coûtent les œuvres durables.

Henry Murger avait le travail très-difficile ; il ne produisait guère que la valeur d'un roman par an. Le produit de ce roman, tamisé par le journal et par la librairie, rendait un millier d'écus tout au plus. Si l'on ajoute une rente d'une moyenne de trois cents francs pour les droits en province de *la Vie de Bohème* et du *Bonhomme Jadis*, quelques regains inattendus, les bonnes fortunes du petit journalisme, on arrivera aux appointements d'un teneur de livres ; mais on ne les dépassera pas. Inégalement répartis, c'est-à-dire à des intervalles trop fréquents ou trop éloignés, ces quatre mille francs pouvaient-ils apporter une régularité bien grande dans une existence déjà acquise à la poésie et aux entraînements du cœur ? — Les besoins d'un écrivain ne sont pas ceux du premier venu : il ne lui faut pas seulement du pain et un logement ; le loisir, les voyages, les roses, les réunions lui sont indispensables. — Tout compte vu, on devrait interdire l'exercice de la littérature à ceux qui, comme Henry Murger, n'ont ni famille ni moyens d'existence. Ce serait plus vite fait, et il n'y aurait sur leur tombe ni lamentations ni malédictions.

Le gouvernement de l'Empereur avait entrevu ce problème : une pension avait été récemment accordée à Henry Murger. Il n'en a touché que le premier trimestre.

Je suis ramené malgré moi à cette mort, dont les épisodes sont sans exemple dans nos rangs littéraires. Tout à coup Murger sentit, au milieu de la nuit, comme un coup de fouet dans la jambe gauche ; il crut à un rhumatisme, à une attaque de goutte ; le docteur Piogey, appelé, constata une artérite, qui devait rapidement déterminer la mortification du membre. Les consultations se précipitèrent, à l'insu du patient, dont l'inquiétude n'était que vague encore. Mais déjà l'effroi s'était répandu dans Paris, et les amis de l'écrivain accouraient à son domicile. Le mal empirait chaque jour; l'heure arriva où l'importance et la multiplicité des soins nécessitèrent le transport dans une maison de santé. C'était un samedi matin.— En rentrant, navré, je pris et feuilletai le volume des *Scènes de la Bohème;* je tombai sur le chapitre de la mort de Mimi. Hélas! ce n'était plus de la mort de Mimi qu'il s'agissait alors, mais bien de celle de Rodolphe! Je relus ce passage si touchant et si vrai, en substituant malgré moi le nom de l'amant à l'amante, le nom du poëte à celui de l'ouvrière. Et l'impression n'en était pas moins déchirante. Jugez plutôt:

« — Mon amie, le médecin a raison; — vous ne pourriez pas me soigner ici. A l'hospice on me guérira peut-être; il faut m'y conduire. — Ah! vois-tu, j'ai tant envie de vivre à présent, que je consentirais à finir mes jours une main dans le feu, et l'autre dans la tienne. — D'ailleurs, tu viendras me voir. — Il ne faudra pas te faire de chagrin; je serai bien soigné. On donne du poulet à l'hôpital, et on fait du feu. — J'ai beaucoup d'espérance maintenant. J'ai déjà été malade comme ça, dans le temps, quand je ne te connaissais pas; on m'a sauvé. Pourtant, je n'étais pas heureux dans ce temps-là, j'aurais bien dû mourir. — Maintenant que nous pouvons être heureux, on me sauvera encore, car je me défendrai joliment contre la maladie. Je boirai toutes les mauvaises choses qu'on me donnera, — et si la mort me prend, ce sera de force. »

Elle l'a pris de force, en effet.

Dès son entrée à la maison Dubois, les médecins le condamnèrent d'un hochement de tête unanime. Le mal faisait, de minute en minute, d'épouvantables progrès. Le dimanche et le lundi, ce fut un véritable pèlerinage à la maison du faubourg Saint-Denis. Peu de personnages, même entre les plus marquants, ont vu à leur chevet autant de fronts douloureusement penchés, autant de regards débordant de larmes. Il fallait pourtant se contenir, et c'était le plus difficile, car Murger interrogeait chacun d'une prunelle dilatée et curieuse; il avait l'espérance de guérir, et cette espérance il l'a gardée jusqu'à la fin. — Des représentants du ministère d'État, du ministère de l'instruction publique, de la Société des gens de lettres, se succédaient à chaque instant ; le corridor de sa chambre était encombré de tous les amis de sa jeunesse, — et aussi d'amis plus récents qui, dans cette triste circonstance, ont bien mérité des lettres et de l'humanité par un dévouement qui n'a reculé devant aucune abnégation, devant aucune fatigue. Certes, un homme qui s'en va ainsi entouré peut être proclamé un bon cœur et un esprit d'élite; depuis Béranger, on n'avait pas vu un pareil essor vers un agonisant. Dieu a brisé trop tôt la plume entre ses mains. Jamais plume, cependant, ne fut au service d'une conviction plus honnête, plus attendrie. Il n'a blessé dans sa vie ni un homme ni un principe. Il a constamment refusé de toucher à l'arme dangereuse de la critique. Il tombe dans sa pureté et dans sa liberté.

Voici une lettre inédite d'Henry Murger, écrite peu de mois avant sa mort:

« *A Monsieur A. G., rue Montyon*, 19, *à Paris.*

» Mon cher Monsieur,

» Je n'ai jamais eu l'intention de vous dire que vous n'aviez pas de cœur, car j'aurais cru alors vous faire une véritable offense. Dans la conversation que vous me rappelez, j'ai voulu seulement vous exprimer le regret que j'éprouvais de vous voir employer le remarquable instrument lyrique que vous possédez à la glorification exclusive de la matière et à l'apothéose trop fréquemment répétée de la *Vénus bête*, selon l'heureuse expression de Léon Gozlan. Cette divinité est déjà suffisamment idolâtrée par la jeunesse moderne, et elle n'a pas besoin de l'hommage des poëtes, ou de ceux qui veulent le devenir, pour attirer des adorateurs. Avec une familiarité autorisée par la sympathie que vous m'avez inspirée, je vous ai dit que vous aviez besoin de vivre. Je vous le dis encore, et je pense que vos amis, s'ils le sont véritablement, vous le diront comme moi. Je n'ai ni l'intention ni la prétention de vous rédiger un programme littéraire, mais je vous ferai remarquer que l'école à laquelle vous appartenez compte parmi ses membres des gens d'un grand talent, et que leurs œuvres les meilleures datent de l'époque où ils ont commencé à comprendre que toute l'humanité n'était pas contenue dans le torse de la Vénus de Milo ou dans un entrechat de Colombine. Croyez-le bien, mon cher monsieur, il y a autre chose; positivement il y a autre chose.

» Vous me dites, à ce que je comprends, que vous avez essayé de vivre, et qu'il est résulté de votre tentative une petite comédie à propos de laquelle vous voulez avoir mon opinion. Le ton léger avec lequel vous parlez de votre expérience semble indiquer que cette première expérience d'existence ne vous a pas été bien pénible. Tant mieux pour l'homme et tant pis pour le poëte. Mais peut-être avez-vous confondu *faire la vie* avec *vivre*, deux choses bien différentes, cher monsieur, puisqu'il y en a une que l'on fait soi-même, tandis que c'est l'autre qui vous fait.

» Je serai à votre disposition vendredi ou

dimanche, de quatre à six heures du soir, 11, rue Véron, à Montmartre.

» Mille sympathies.

» HENRY MURGER.

» *P.-S.* — Ne prodiguez pas mon adresse. »

Que de charme et que de raison dans ces simples lignes! A mesure qu'il s'approchait de la mort, le pauvre auteur des *Vacances de Camille* s'approchait de la vérité.

Je ne crois pas que cette lettre ait été envoyée au destinataire. Elle ne porte pas de timbre de poste. Après l'avoir écrite, Murger l'aura oubliée sur un coin de sa table, ou bien il se sera dit:

— A quoi bon?

GÉRARD DE NERVAL

I

Je suis heureux que ce livre me fournisse l'occasion de rassembler quelques notes sur un homme dont j'aimais le cœur autant que le talent, et à côté de qui j'ai vécu pendant une huitaine d'années, rapprochés que nous étions par une certaine conformité d'humeur et quelquefois aussi par les mêmes études. Jusqu'à présent, mû par un sentiment de douloureuse discrétion, j'avais fait taire mes souvenirs ; aujourd'hui il m'est permis de les évoquer, de les grouper. Les cendres sont refroidies, la psychologie réclame ses droits.

C'est en 1846, dans les bureaux de l'*Artiste*, que je connus Gérard de Nerval. Il y avait quelques mois seulement que je venais d'arriver à Paris. Ce nom élégant, ces œuvres délicates, cette folie même dont un feuilleton de Janin m'avait apporté l'écho jusqu'au fond de la province, tout cela m'annonçait quelque jeune cavalier mystérieux et pâle. Il me fallut rabattre un peu de mon idéal, ou du moins le modifier. Gérard de Nerval, modeste jusqu'à l'humilité, vêtu d'une redingote longue et à petits boutons, la vue basse, les cheveux rares, me rappelait assez les professeurs des colléges départementaux. Plus tard seulement je me rendis compte de ce mélange de finesse et de bonté qui était le caractère dominant de sa physionomie, et qui était aussi le caractère de son talent. Jeune homme, il avait été charmant, me dit-on ; ses cheveux blonds bouclaient.

Avec ce respect traditionnel des débutants pour les célébrités et même pour les demi-célébrités, j'étudiai pendant quelque temps Gérard de Nerval sans oser lui adresser la parole. Enfin un jour, sa timidité enhardissant la mienne, — il n'y avait que nous deux dans le salon du journal, — j'eus l'audace de l'inviter à dîner. Nous allâmes au restaurant. Je ne me lassai pas de l'entendre; il aimait à causer, mais à ses heures et à ses aises; un peu prolixe, amoureux des détails infinitésimaux, il avait dans la voix une lenteur et un chant auxquels on se laissait agréablement accoutumer.

Après le dîner, — qui avait été très-ordinaire, — Gérard me prit sous le bras, et je commençai avec lui, dans Paris, une de ces promenades qu'il affectionnait tant. Il me fit faire une lieue pour aller boire de la bière sous une tonnelle de la barrière du Trône, m'affirmant *que ce n'était que là* qu'on en buvait de bonne. Elle était servie dans des cruchons particuliers et apportée par deux demoiselles dont les cheveux abondants et roux faisaient l'admiration de Gérard de Nerval. Admiration toute paisible et extatique. — En revenant, il voulut que nous abrégeassions le chemin par une station au *Petit Pot de la Porte Saint-Martin*, où l'on prend des raisins de Malaga confits dans le sucre et l'alcool. Il mettait un amour-propre enfantin et une ardeur très-grande à la recherche de ces spécialités parisiennes; il savait où l'on débite la meilleure eau-de-vie de Dantzick, où l'on vend au verre la blanquette de Limoux. Cet épicier qui est à côté de la Comédie-Française, au coin de la rue Montpensier, tient toujours chaud un excellent punch au thé. On ne peut savourer de délicieux chocolat qu'au carreau des halles, à deux heures du matin, dans un café où dorment des maraîchers et des paysannes encapuchonnées. — Ainsi me disait Gérard de Nerval.

Ce n'était cependant pas un buveur, surtout dans l'acception brutale du mot. Il entrait beaucoup plus de littérature que d'autre chose dans cet amour du cabaret et des mœurs de la rue. C'était l'influence d'Hoffmann, le ressouvenir des Porcherons, la lecture de Rétif de la Bretonne. Comme tous les promoteurs de la Renaissance de 1830, Gérard de Nerval voyait avec les yeux des peintres; il aimait les intérieurs populaires pour leurs couleurs étranges et leur énergique harmonie. C'était Jean Steen.

En ce temps-là, Gérard de Nerval travaillait beaucoup. Il revenait d'Orient, il écrivait son voyage; il rendait compte des premières représentations dans *l'Artiste*, et parfois il remplaçait Théophile Gautier à *la Presse*. Je me souviens d'un très-joli et très-savant feuilleton, signé de lui, sur les Indiens O-jib-be-was, et dans lequel il développait le système de Joseph de Maistre, qui veut que les sauvages ne soient nullement des hommes primitifs, mais au contraire les représentants d'une civilisation dégradée et abolie. C'étaient de telles questions qui séduisaient Gérard de Nerval.

Je puis affirmer qu'il était alors parfaitement sain d'esprit, heureux de vivre et d'exercer sa profession, qu'il aimait par-dessus tout. C'est à cette époque, M. de Rémusat étant au ministère, qu'il fut question de lui pour la croix d'honneur. Gérard n'y avait jamais pensé, il fut embarrassé et demanda à réfléchir ; il se dit que le ruban allait l'entraîner dans des frais de costume, l'obliger à restreindre ses pérégrinations nocturnes. Je crois aussi qu'il se regardait un peu comme républicain. L'affaire en resta là.

La Révolution de 1848 ne le surprit pas, mais elle le trouva sans argent. Au mois de juillet, Alphonse Karr fonda *le Journal* ; il y appela Gérard de Nerval, qui fut investi des fonctions de secrétaire de la rédaction. Le *Journal* se vendait un sou; il ne dura guère. — Gérard se retourna vers le théâtre; il signa du pseudonyme de *Bosquillon* une parade représentée à l'Odéon, *la Nuit blanche*. C'était un tableau de la cour de l'empereur Soulouque; on y voyait paraître un Basile tout blanc. Longtemps retardée par des obstacles de plusieurs natures, et défendue après quelques représentations, *la Nuit blanche* n'était qu'un fragment d'une grande revue embrassant les cinq parties du monde, et commandée par le directeur de l'Odéon à Gérard de Nerval, Méry et Paul Bocage. La pièce avait été faite, refaite, abandonnée. Bref, on n'en avait sauvé que l'acte de la cour d'Haïti, — où, par parenthèse, Lambert Thiboust, alors comédien, jouait un bout de rôle avec infiniment de verve.

Gérard de Nerval demeurait au coin de la rue Saint-Thomas-du-Louvre, dans une maison habitée par les demoiselles Brohan. Il avait le spectacle de la place du Musée, occupée, comme on se le rappelle, par des brocanteurs et des marchands d'oiseaux.

Combien Gérard devait se plaire dans un pareil lieu ! Tous les matins il descendait sur la place et y passait des heures entières ; il s'était pris surtout d'un véritable attachement pour un remarquable kakatoès, plein de grandesse et d'éclat, attaché par une chaîne de cuivre à son juchoir. Au milieu du groupe de militaires et d'enfants qui ne cessaient de l'environner, ce kakatoès gardait la gravité d'un magistrat irréprochable ; mais faisait-on mine de l'agacer, il se hérissait, poussait un cri aigre, battait des ailes, et roulait sa langue épaisse dans son bec entr'ouvert. Il n'était accessible que pour Gérard de Nerval qui, rempli de façons aimables et d'attentions délicates, ne manquait jamais de venir chaque matin partager avec lui une demi-livre de cerises qu'il apportait dans son mouchoir. Quand les cerises étaient mangées, le kakatoès, pour manifester sa reconnaissance, se suspendait par le bec à l'un des bâtons et se balançait longtemps dans cette posture acrobatique, ou bien il mordillait le doigt de Gérard, ou il posait la patte sur son collet d'habit. Heureux kakatoès ! heureux Gérard !

Cette félicité innocente eut cependant une

fin, comme toutes les félicités. Un matin, Gérard de Nerval, arrivant avec ses cerises, ne trouva plus le kakatoès ; il apprit qu'un étranger l'avait acheté très-cher. Cette nouvelle le pétrifia : il s'était habitué à considérer l'oiseau comme son bien, comme sa propriété ; il ne pouvait concevoir qu'on l'en eût séparé.

— Que ne l'achetiez-vous ? lui dit le marchand.

— Ah ! répondit Gérard, cela n'aurait plus été la même chose !

Fouillant une fois dans mon humble bibliothèque, Gérard poussa un cri de joie. Il venait de s'emparer d'un livre intitulé : *Les Aventures du docteur Faust et sa descente aux Enfers*, traduction de l'allemand, avec figures. Il y avait plus de trente ans que Gérard de Nerval cherchait ce livre ; c'était pour lui un souvenir et un désir d'enfance. La première fois qu'il l'avait vu, c'était sur les rayons en plein air d'un étalagiste du boulevard Beaumarchais ; les *figures* l'avaient attiré par leur étrangeté : l'une d'elles représentait un Léviathan énorme, les cheveux chassés par le vent, les yeux et la bouche vomissant des flammes, habillé du reste comme un bourgeois, c'est-à-dire en justaucorps et en culotte courte, chaussé de gros souliers. Ce Léviathan tenait du bout des doigts, entre l'index et le pouce, la dépouille humaine de Faust, ployé en deux, mort. — Gérard de Nerval, alors écolier, avait marchandé le livre; mais le bouquiniste, petit vieillard aussi étrange que son livre, avait demandé un prix exorbitant, quinze ou vingt francs, je crois. Gérard s'étonna et soupira, comprenant qu'il devait y renoncer.

Mais la fatalité le ramenait presque tous les jours devant ce *Faust* inconnu ; il en avait lu quelques pages, il voulait lire tout. Le bouquiniste inquiet mit le livre dans une vitrine qui fermait à clef. Alors Gérard se détermina à amasser sur ses économies la somme indispensable; mais lorsqu'au bout de quinze jours il reprit le chemin du boulevard Beaumarchais, l'étalage et l'étalagiste avaient disparu. Il repassa le lendemain, même absence. Il s'informa de la demeure du vieux libraire, on l'envoya à la rotonde du Temple ; là, après avoir visité plusieurs galetas, il finit par apprendre que le bouquiniste était mort subitement; les livres avaient été envoyés à l'hôtel Bullion et vendus par lots.

Depuis lors, Gérard de Nerval n'avait jamais complétement oublié *les Aventures du docteur Faust* et le Léviathan en pourpoint allemand ; parmi les nombreux Faust qui ont précédé et suivi le type définitif de Gœthe, celui-là lui tenait particulièrement au cœur. C'était un Faust marié, père de famille, voyageur. C'était aussi un Faust politique. Nous en reparlerons tout à l'heure. En retrouvant ce livre chez moi, Gérard assouvissait un de ces premiers désirs, un de ces désirs d'adolescent, les plus impérieux de tous ; on comprend sa joie. Il me demanda la permission de l'emporter ; je fis mieux, je le lui donnai, et c'est avec *les Aventures du docteur Faust et sa descente aux Enfers* qu'il écrivit peu de temps après son drame de *l'Imagier de Harlem.*

Dans *l'Imagier de Harlem ou la Découverte de l'Imprimerie*, drame légendaire en cinq actes et en dix tableaux, Gérard de Nerval a substitué Laurent Coster au docteur Faust. Ce point de départ excepté, la fable est la même que dans le bouquin du boulevard Beaumarchais. Le diable conduit successivement Laurent Coster à la cour de l'archiduc Frédéric III, en France chez Louis XI, en Italie chez les Borgia. Les lamentations de sa femme et de ses enfants suivent Coster dans ses pérégrinations, comme elles suivent Faust dans les siennes. Gérard de Nerval, dont la métempsycose et l'illuminisme se partageaient continuellement l'imagination, n'avait ajouté qu'un personnage, incompréhensible, il est vrai : c'était Aspasie, la courtisane Aspasie, qui s'incarnait à son tour dans la dame de Beaujeu, dans Impéria, et enfin dans une Muse. Ce drame, d'une contexture bizarre, bâti sur cette idée : le diable s'emparant de l'imprimerie et en faisant une de ses armes, écrit tantôt en vers et tantôt en prose, appelant à son aide les pompes de la danse et du chant, ce drame, qui n'eut d'ailleurs qu'un succès d'étonnement, accusait trois collaborations bien tranchées : celle de M. Méry, celle de M. Bernard Lopez et celle du directeur du théâtre qui le fit représenter, M. Marc Fournier.

II

Le *Faust* dont Gérard de Nerval s'est inspiré est connu en Allemagne sous la désignation de *Faust* de Klinger ; il fut publié vers 1792, et obtint un succès de plusieurs éditions. Malgré l'époque favorable aux licences écrites, Maximilien Klinger crut devoir garder l'anonyme ; comme tous les Allemands spirituels, il était tombé à bras raccourci sur l'Allemagne, principalement sur les souverains et le clergé. Son livre est moins un roman qu'un pamphlet corrosif, un tableau de l'Europe à vol de démon. Une première traduction française en parut six ans après, à Amsterdam, avec six gravures et un portrait de Faust en médaillon sur le titre. Les traducteurs (MM. de Saur et Saint-Geniès) gardèrent d'abord l'anonyme, comme l'auteur ; leur version, reproduite plusieurs fois à Paris et à

Reims, semble être un mot à mot; elle est précieuse à cet égard.

Les Aventures du docteur Faust et sa descente aux enfers forment deux volumes in-12, et comprennent cinq livres, divisés eux-mêmes en petits chapitres. Nous allons essayer d'en donner une analyse, qui mettra en évidence les points de rapprochement avec les situations principales de *l'Imagier de Harlem*. Dans le premier livre, le docteur Faust se rend de Mayence à Francfort avec le dessein de vendre au conseil de cette ville une Bible latine imprimée par lui. Il en demande deux cents ducats. Par malheur, on a acheté quelques semaines auparavant cinq foudres de vieux vin du Rhin, et sa requête reste sans effet. C'est vainement qu'il s'adresse aux échevins, au maire, aux sénateurs et à l'orgueilleux conseiller du corps de métier de saint Crépin. Faust, le cœur gonflé d'amertume, revient chez lui et se décide à tracer le cercle terrible qui va le séparer à jamais de Dieu. Au moment où il étend le bras, une figure confuse lui apparaît et lui crie : « Faust ! Faust !

» FAUST. — Qui es-tu, pour venir m'interrompre dans mon audacieux ouvrage ?

» LA FIGURE. — Je suis le génie de l'humanité, et je veux te sauver, s'il est possible encore.

» FAUST. — Que peux-tu me donner pour apaiser la soif de la science et mon penchant invincible pour la jouissance et la liberté?

» LA FIGURE. — L'humilité, la résignation dans les souffrances, la modération, le noble sentiment de toi-même, une mort douce, et la lumière après cette vie.

» FAUST. — Disparais, fantôme! Je te reconnais aux ruses avec lesquelles tu trompes les misérables. Va faire tes momeries devant le mendiant, l'esclave, le moine; adresse-toi à ceux qui ont enchaîné leurs âmes, à ceux qui ont renoncé à eux-mêmes pour échapper aux griffes du désespoir. Mes forces veulent de l'espace : que celui qui me les a données réponde d'elles! »

Ayant dit, Faust se précipite au milieu du cercle et prononce la formule magique. La porte s'ouvre, livrant passage à un personnage majestueux : c'est Léviathan, un des princes de l'enfer. Faust s'irrite de cette forme : « Suis-je donc condamné à trouver l'homme partout? » murmure-t-il. Ensuite il ordonne à Léviathan de lui dévoiler le principe de toutes les choses, de mettre à nu devant lui les ressorts du monde physique et du monde moral, enfin de lui faire connaître l'essence du Très-Haut. « Insatiable! dit le démon; sache donc que depuis que nous sommes exterminés, nous avons perdu l'idée de ces secrets célestes, et même oublié la langue dans laquelle ils s'expriment. » Bref, supplié ou menacé, Léviathan ne consent qu'à promener le docteur Faust à travers l'univers. Son pouvoir est borné là. « Je prends un grand homme par la main, et je suis fier d'être son serviteur, » dit-il. Ce respect du diable pour le génie est un des traits caractéristiques et louables de l'ouvrage.

En guise d'intermède, on assiste à un banquet donné dans l'enfer par Satan pour célébrer la découverte de l'imprimerie. Il s'agit d'un repas d'âmes fraîchement arrivées le matin : âmes de conquérants, de philosophes, de vizirs. Les marmitons les font cuire ou rôtir en les arrosant avec des coulis combustibles.

Les vins deviennent l'objet de soins tout particuliers; certaines bouteilles sont remplies avec les pleurs des collatéraux, des médecins et des veuves ; les flacons d'entremets contiennent les larmes précieuses des jeunes filles auxquelles la misère est venue passer autour du corps la ceinture dorée. Pour Satan et ses intimes, il y a, dans des coupes à part, un plus noble et surtout un plus rare breuvage : ce sont des larmes de rois et de ministres. Après avoir dressé les tables, les cabaretiers du noir séjour se rendent au marais des damnés, en chassent les âmes brûlantes, et les font voler au plafond de la salle pour éclairer le banquet. Tous les diables saisis d'allégresse élèvent leurs verres en répétant à plusieurs reprises : « — Vive Faust! Vive l'empoisonneur des fils de la poussière ! »

L'horrible et l'ingénieux se mêlent dans ce chapitre, qui se termine par un ballet allégorique tout à fait dans le goût allemand. On voit le Crime danser avec l'Orgueil, pendant que l'Imagination joue de la flûte; puis c'est un menuet dont la Flatterie dessine les figures; l'Imposture donne du cor de chasse. Survient la Discorde qui se jette entre les groupes. « La Théologie, s'apercevant que tous embrassaient avec ardeur la voluptueuse Poésie, brûla par derrière, avec sa torche enflammée, l'idolâtrée déesse de la rime. Celle-ci poussa des hurlements effroyables ; le Charlatanisme s'avança pour panser la blessure ; mais l'Histoire eut pitié d'elle, et lui appliqua sur la partie lésée une feuille encore humide d'un roman sentimental. La Politique finit par les atteler tous à son char et les emmena en triomphe. »

Les livres deuxième et troisième sont consacrés aux récits des excursions de Faust et du prince Léviathan par toute l'Allemagne : ils tentent les évêques, les ermites, les religieuses ; ils corrompent les juges et les bourgmestres. Et la corruption a toujours raison ; et la tentation ne rencontre que des âmes sans résistance. Faust détourne la tête avec tristesse. — « Ramène-moi à Mayence ! » dit-il au diable. Dans sa nouvelle fortune, Faust avait oublié sa famille ; il la retrouve affamée et en haillons ; ses enfants tâtent ses poches avec avidité pour y chercher du pain ; son vieux père s'approche, les genoux tremblants ; sa femme sanglote en l'entourant de ses bras amaigris. Faust, ému, tire un sac plein d'or, et le jette sur la table. A cette vue, la joie renaît sur les physionomies; seul, le vieillard hoche la tête et soupire :

« Le vieux Faust. — Mon fils, reste dans ton pays et nourris-toi honnêtement, dit l'Écriture.

» Faust. — Et meurs de faim, sans que personne ait pitié de toi, dit l'Expérience. »

Faust repart. Il veut visiter la France, alors gouvernée par Louis XI ; dès son arrivée, il assiste à la double mort du duc de Berry et de sa maîtresse, occasionnée par une pêche empoisonnée, envoi du roi très-chrétien. A Paris, il se heurte à l'échafaud de Nemours; dans le château de Plessis, il n'échappe qu'avec peine au lacet de Tristan; les prisonniers de la galerie des cages de fer le poursuivent de leurs prières et de leurs cris. — « Eh quoi! s'écrie Faust avec stupeur, c'est par un squelette vêtu de pourpre que les nerveux habitants des Gaules se laissent égorger! Qui comprend quelque chose à cela? Tout ce que je vois, tout ce que je sens en moi et hors de moi n'est qu'un tissu de contradictions. Des idées affreuses errent dans mon cerveau, et souvent il me semble que le monde moral n'est régi que par une espèce de tyran, pareil à ce malheureux! »

Le diable sourit, et tous deux vont en Angleterre. Ils aperçoivent sur les degrés du trône une sorte de monstre, bossu, tordu, sanglant, hautain; ils reconnaissent en lui le protecteur du royaume, le duc de Glocester, qui sera bientôt Richard III; ils pénètrent à la Tour et sont témoins de l'assassinat du jeune roi légitime et de son frère, qu'on enterre sous une dalle de cachot. Jamais Faust n'avait vu commettre de tels crimes avec autant de sang-froid; il n'en veut pas voir davantage. Sur le point de s'embarquer, Léviathan lui dit avec une adorable insouciance : — « Au reste, en enfer, on ne fait pas grand cas de ces tristes insulaires, qui suceraient la moelle de tous les cadavres pestiférés du globe, s'ils croyaient trouver de l'or dans leurs os. Ce peuple, qui méprise les autres nations, se joue de tout ce que tu nommes sentiment, ne conclut aucun traité que dans l'intention de le rompre dès qu'il y a un terrain à gagner. Si les habitants de la terre ferme savaient se passer de sucre et de café, les enfants de la vaine Albion redeviendraient ce qu'ils étaient lorsque Jules César, Canut, roi de Danemark, et Guillaume de Normandie s'amusèrent successivement à y faire une descente. »

Le vent les pousse en Espagne. Un auto-da-fé a rassemblé sur une grande place des cavaliers en habits magnifiques et des femmes éclatantes de beauté et de sourires. Là, Faust entend le fameux inquisiteur Torquemada se vanter auprès d'Isabelle et de Ferdinand de ce que le tribunal a jusqu'à présent fait le procès à quatre-vingt mille personnes, et immolé dans les flammes six mille hérétiques. Faust commence à croire que toutes ces horreurs appartiennent essentiellement à la nature de l'homme, qui, en sa qualité d'animal, doit ou déchirer ses semblables ou être déchiré par eux. Il enveloppe sa figure dans son manteau, qu'il baigne de larmes.

D'autres scènes non moins atroces l'attendent cependant en Italie. A Milan, c'est le meurtre du duc Galéas Sforce, dans la cathédrale ; à Florence, c'est l'assassinat du neveu du grand Côme, ordonné par l'archevêque Salviati. Enfin Faust et Léviathan mettent le pied dans Rome. Le cadre s'agrandit. Un livre entier dépeint la ville éternelle, courbée sous l'effroyable et somptueuse domination d'Alexandre VI.

Après avoir satisfait à la coutume du baisement de la mule papale, — Léviathan s'exécute sans trop faire la grimace, — ils sont reçus dans les petits appartements du Vatican, où une représentation de la *Mandragore*, de Machiavel, a été organisée. Ils lient connaissance avec Lucrèce Borgia, qu'accompagnent ses deux frères François et César. Des fêtes se succèdent, alternant avec des meurtres ; dans une partie de chasse à Ostie, le pape, afin d'augmenter les revenus du saint-siége, trouve ingénieux de taxer les péchés et d'échanger les dispenses contre des florins d'or. Faust devient l'amant de Lucrèce. Toute cette série de peintures de fantaisie et d'histoire respire une incroyable chaleur, et est soutenue par une progression de vices qui fait quelquefois trembler le livre aux mains du lecteur. Plus que dans les autres *Faust*, on sent qu'un souffle vraiment diabolique a passé par là

Le livre cinquième commence. Ils ont fui

Rome. « Muet, sombre et rêveur, Faust était à cheval à côté du diable. Celui-ci le laissait avec plaisir livré à ses réflexions, et riait par l'espérance flatteuse de respirer bientôt avec lui les douces vapeurs de l'enfer. Ils aperçurent Worms dans la plaine ; lorsqu'ils n'en furent plus éloignés que de quelques jets de pierre, ils virent une potence à laquelle était attaché un jeune homme grand et bien fait. Faust leva les yeux. Un vent frais qui soufflait à travers les blonds cheveux du pendu, et qui poussait son corps en avant et en arrière, permit à Faust de remarquer une taille élégante. Ce coup d'œil lui fit verser des larmes, et il s'écria d'une voix tremblante :

« — Pauvre jeune homme ! quoi ! dans la fleur de ton âge, déjà ici, à ce fatal poteau !

» Le Diable. — Faust, c'est ton ouvrage.

» Faust. — Mon ouvrage ?

» Le Diable. — Considère attentivement ce jeune homme, c'est ton fils aîné.

» Faust regarda en l'air, reconnut son fils et tomba de cheval. »

Rien de plus. C'est sec et affreux comme la

réalité. L'or que Faust a jeté dans sa famille a dépravé son fils, tué son vieux père ; sa femme, couverte de lambeaux, va s'asseoir tous les jours devant la porte du couvent des Franciscains, attendant les restes du souper de ces moines. Faust, revenu à lui, appelle la mort. « Eh bien ! s'écrie-t-il, que mon sang fume devant l'autel du Formidable ! qu'il se réjouisse de mes sanglots, je l'ai atteint. Déchire la chair qui enveloppe mon âme incertaine et douteuse ! Romps le charme, je ne t'échapperai pas ; et quand même je le pourrais, je ne le voudrais pas, car les tourments de l'enfer ne doivent être rien en comparaison de ce que j'éprouve maintenant ! — Ton courage, Faust, me fait plaisir, répond Léviathan ; j'aime mieux entendre ce que tu dis que les hurlements et les sifflements sur lesquels je comptais. »

Mais le diable de Klinger est un ergoteur, et il ne veut pas abandonner à si bon compte sa victime : forcé d'admirer son courage, il lui conteste sa logique ; il veut que Faust ait mal vu, mal jugé, et c'est là une thèse au moins étrange dans une pareille bouche : « Insensé ! dit-il à Faust, tu te vantes d'avoir étudié l'homme et de le connaître! As-tu comparé les besoins et les défauts résultant de sa nature avec ceux qu'il doit à la civilisation et à une volonté qui n'est plus la sienne? Tu n'as fréquenté que les palais et les cours. Peux-tu dire que tu connais l'homme, puisque tu ne l'as cherché que dans la lie du crime et de la volupté? Tu as passé avec dédain devant la cabane de l'homme modeste... » Encore un peu, et ce diable deviendrait tout à fait un diable de l'*école du bon sens*, si Faust ne l'interrompait brusquement en ces termes : « Égorge-moi, et ne m'assassine pas par ton bavardage, qui tue mon cœur sans convaincre mon esprit. Vois, mes yeux sont fixes et secs. Diable, écris dans ces nuages obscurs, avec les bouillons de mon sang, la belle théodicée que tu viens de me prêcher! »

Le dénoûment est prévu. Toutefois Léviathan permet à Faust de détacher son fils de la potence et de l'enterrer dans un champ voisin, récemment ouvert par la charrue. Ce devoir accompli, Faust revient vers lui en disant : — « Ma tristesse et mon malheur sont à leur comble; brise le vase qui ne peut plus les contenir. »

Alors s'exécute cette scène qui a fourni le sujet de la gravure que nous avons décrite. Léviathan saisit Faust avec un rire moqueur, dépouille son âme de son corps comme on dépouille une anguille de sa peau, déchire ses membres et les disperse dans la plaine. Puis il emporte l'âme en enfer.

Dans tout cela, on le voit, il est peu question de l'imprimerie, ou il n'en est question que secondairement. La satire passe à côté. Mais en somme l'ouvrage est curieux : il accuse de l'ampleur et de l'ardeur ; il ne marchande pas avec l'horrible ; c'est bien le roman d'un Allemand mordu par la Révolution.

Gérard de Nerval a laissé de côté l'épisode du voyage en Angleterre. Il a supposé avec raison que Glocester était usé sur la scène ; en revanche, il a cherché à développer le drame du ménage de Faust, et il a agrandi l'importance philosophique de la découverte de l'imprimerie. Cette dernière préoccupation n'a eu et ne pouvait avoir qu'une action médiocre sur le public. Néanmoins il est resté un assez puissant reflet du roman sur le drame ; et nul n'était plus propre que Gérard de

Nerval à distribuer cette lumière étrange sur les diverses parties d'une œuvre théâtrale.

III

Gérard m'engageait quelquefois à collaborer avec lui pour le théâtre. Il s'occupait depuis très-longtemps d'un drame sur *Nicolas Flamel,* qu'il me raconta pendant une soirée. Une autre fois, il m'apporta un petit cahier tout écrit de sa main, intitulé : *la Forêt Noire*. « Lisez-le, me dit-il, vous me direz demain si nous pouvons en faire quelque chose. » Le lendemain, Gérard de Nerval ne vint pas. Il était parti pour La Haye, pour Senlis ou pour Saint-Germain. Nous oubliâmes tous les deux le petit cahier. Je l'ai retrouvé dans ces derniers temps, et je le transcris ici. On y retrouvera ce type de Brisacier qu'il affectionnait particulièrement, et qu'il a reproduit dans plusieurs de ses ouvrages.

LA FORÊT NOIRE

Donnée historique

L'action se passe en 1702, à l'époque où Louis XIV luttait contre l'empereur d'Allemagne dans le Palatinat. L'électeur de Bavière et celui de Cologne étaient alors les alliés de la France, et Villars commandait les armées réunies. On venait de prendre Neubourg, et Villars occupait la ville sous les murs de laquelle on devait le lendemain livrer une bataille définitive. Les troupes de Louis XIV et des électeurs s'étaient établies dans les principaux édifices, sur les places, et des détachements gardaient les portes avec ordre de ne laisser sortir personne de suspect, car on avait espéré s'emparer de plusieurs protestants réfugiés après les guerres des camisards, auxquels le margrave de Bade avait donné asile, et qu'on soupçonnait d'aider les ennemis de leurs talents et de leurs richesses.

L'incendie des châteaux du Palatinat avait

eu principalement le motif de détruire les principaux lieux d'asile qu'ils avaient trouvés. Les ordres de Louis XIV étaient impitoyables sur ce point.

PREMIER ACTE

Près de l'une des portes de Neubourg est une taverne avec un jardin et des tonnelles où l'on vient boire. Les soldats de l'armée victorieuse se mêlent au peuple de la ville dans cette sorte de *redoute*. On danse, on boit, et un piquet de dragons, tout en gardant le poste, regarde avec curiosité ce peuple étranger insoucieux des maux de la guerre. Un jeune capitaine, nommé Brisacier, cause avec un brigadier de musique, nommé Chavagnac ; ce dernier voudrait se mêler à la valse, mais le capitaine lui parle de la consigne et de son âge qui devrait lui commander la gravité. Brisacier est en effet le plus jeune, mais né de parents inconnus, élevé dans le régiment, la protection de Villars, qui ne s'est pas soucié de son origine, mais de son talent, l'a fait parvenir à son grade. Chavagnac s'attendrit en causant du passé et comprime avec peine un secret qu'il doit cacher à Brisacier qu'il a vu tout petit et qui, quoique son supérieur, est resté son camarade. Le caractère gai et bruyant de Chavagnac le fait échapper vite à de tristes souvenirs.

Cependant une troupe de Bohémiens se présente et veut franchir la porte avant que la ville soit fermée. Ils se sont trouvés pris dans la ville pendant le siége et leur humeur vagabonde les appelle ailleurs; ils disent que de pauvres baladins comme eux ne peuvent s'exposer aux chances nouvelles de la bataille qui doit se livrer. Au moment où Brisacier va donner l'ordre de les laisser sortir : « Sont-ce bien des Bohémiens? dit le lieutenant chargé de garder la porte sous les ordres de Brisacier. — Il y a un moyen de s'en convaincre, dit gaiement le trompette Chavagnac, c'est de leur faire montrer leurs talents. »

Le chef des Bohémiens s'intitule comte d'Égypte, et se donne comme prédisant l'avenir et maître des destinées ; sa barbe blanche et sa tenue solennelle donnent quelque apparence à ses paroles. Une petite vieille qui l'accompagne et qui se dit sibylle, montre des cartes ou tarots et s'offre à tirer le grand jeu. Quant à une jeune fille qui l'accompagne, celle-là ne sait que danser et chanter pour attirer la foule autour de ses compagnons. Sur l'insistance des officiers, elle se dévoile et chante aux sons du tambour de basque une chanson gaie qui dispose en sa faveur les assistants.

A peine s'est-elle dévoilée, que Brisacier se récrie dans un étonnement profond : il a reconnu en elle les traits d'une peinture vue sans doute dans sa plus tendre enfance, et communique sa surprise à Chavagnac, qui dès lors partage son émotion.

Brisacier s'approche d'elle et lui parle, lui demande le lieu de sa naissance et mille détails que la vieille se hâte d'interrompre; elle cherche à donner le change. Sous ses traits basanés, on s'aperçoit qu'elle est jeune et qu'elle exerce sur la chanteuse une sorte de protection mystérieuse. Brisacier ne conçoit pourtant aucun soupçon, et commande aux soldats de laisser sortir les Bohémiens ; mais le lieutenant, malveillant et jaloux en lui-même du capitaine (qui, quoique enfant trouvé, lui est supérieur en grade, à lui, descendant d'une ancienne famille), a fait prévenir le colonel qui envoie l'ordre de retenir ces gens suspects.

Alors le vieillard, sans abandonner son rôle de Bohémien, tente de soulever la population et en ayant l'air de prédire, arrive peu à peu à faire appel aux idées religieuses des assistants, anabaptistes pour la plupart. Il parle du bonheur que Dieu promet à ceux qui soutiendront cette cause, et ses chants sont le tableau des joies mystiques du paradis où les croyants rejoindront leur famille et retrouveront ceux qui leur sont chers. Ce passage frappe vivement l'imagination de Brisacier qui pleure sa position d'orphelin et cherche à suivre les fugitifs. Au moment où le lieutenant et lui se disputent sur ce sujet, le colonel arrive, averti qu'on méconnaît ses ordres, met aux arrêts le capitaine Brisacier et ordonne que l'on entraîne à la mort ces malheureux qui ont tenté de soulever le peuple. Brisacier sort désespéré et se sépare avec la plus profonde douleur de la jeune fille qui va périr. Seulement à la chute du rideau l'on voit paraître le général en chef Villars et l'on peut prévoir un autre dénoûment.

DEUXIÈME ACTE

Cet acte se passe dans la *serre* d'un château du Rhin, situé dans la Forêt Noire, à peu de distance de Neubourg. Ce château passe dans le pays pour être hanté des esprits, et *Ondine*, la reine des eaux, y attire, à ce qu'on croit, les jeunes gens séduits par les paroles des Bohémiennes. L'exposition en aura été faite dans le premier acte. Le trompette Chavagnac entre tenant dans ses bras son capitaine évanoui. Il expose qu'après sa condamnation aux arrêts, Brisacier, craignant de ne pouvoir assister à la bataille, avait tenté de s'échapper de la prison. Aidé par lui, il a sauté d'une fenêtre haute, mais sa tête ayant porté sur le sol, il est resté privé de ses sens. En cherchant du secours, Chavagnac a traîné son ami jusqu'à une ouverture par laquelle il est entré dans le château, et maintenant il appelle, avec une crainte que l'aspect étrange des lieux justifie. Des noirs arrivent et transportent le capitaine sur un banc de gazon. Le trompette leur recommande de prendre soin de lui et cherche à se retirer, mais il ne peut retrouver son chemin, tout est fermé. Sa crainte des esprits revient et il les invoque avec une confiance comique. Bientôt une troupe de jeunes filles magnifiquement vêtues se répand sur la scène et elles entourent le capitaine en lui prodiguant des secours.

Brisacier revient à la vie et se croit dans un autre monde : les paroles du vieux Bohémien de la veille lui reviennent dans l'esprit, et il s'imagine qu'étant mort après avoir défendu ces infortunés le ciel l'a transporté dans le monde magique qu'ils avaient annoncé et où doit briller l'image de celle qu'il aime. Il la demande et elle paraît, mais non plus comme une obscure Bohémienne, sous des habits de grande dame et dans le costume du tableau qu'il a vu autrefois.

Il doute si c'est l'autre vie ou un rêve qui lui présente de telles apparitions; mais le souvenir des Bohémiens entraînés au supplice lui fait penser surtout que comme lui ils se retrouvent dans un monde meilleur. En effet, la vieille sibylle du premier acte paraît en costume de reine et comme maîtresse du château. Chavagnac reconnaît en elle la fée Ondine des ballades, tandis que Brisacier invoque sa puissance pour lui rendre celle qu'il aime, qui vient de disparaître encore comme l'idéal de sa vie.

Au moment où la sibylle semble s'attendrir, le vieillard paraît sous des habits d'une forme ancienne et semble en proie à la fureur de ce qu'un profane a pénétré dans le château. La sibylle le prend à part et lui explique ce qu'elle suppose, pendant que Chavagnac et Brisacier se communiquaient leurs impressions, qui chez l'un ont un caractère d'illusion combattue par le courage, tandis que chez l'autre la peur et la crédulité augmentent les éléments de conviction surnaturelle qui doivent frapper Brisacier.

Cependant le vieillard a déjà conçu une idée qui le frappe vivement ; la sibylle y ajoute ses propres observations, mais le doute fait encore que l'on hésite à prononcer sur le sort des deux militaires. Car les habitants du château ne sont autre chose que des protestants réfugiés et la sibylle prétendue est la margrave Sibylle, souveraine du pays de Bade qui, surprise dans Neubourg avec ses protégés, avait pris un déguisement pour échapper aux troupes de Louis XIV.

La margrave Sibylle, femme capricieuse et spirituelle, s'amuse de l'erreur de Brisacier et lui fait raconter sa vie et son origine. Elle apprend qu'il y a dans les souvenirs d'enfance du jeune homme une impression vive de quelque scène terrible à laquelle il a échappé, et c'est en instruisant de cela le vieillard, ancien *comte d'Alby*, qu'elle lui donne matière à réfléchir lui-même. Il se souvient alors d'un neveu échappé au massacre du château de son père, dans les Cévennes, et veut savoir si c'est réellement Brisacier.

Pendant qu'il prépare tout dans cette idée, la margrave cherche à agir sur l'imagination du jeune homme en lui disant qu'il est en ce moment sous le pouvoir des esprits, et que, soit illusion, soit rêve, c'est le moment solennel de sa vie où il doit se décider entre deux partis. Il pleure ses parents perdus, il rêve d'impressions oubliées ; la volonté céleste va les lui rendre, et alors il se prononcera.

En effet, un portique en style de la renaissance qui fermait le fond du théâtre ouvre ses portes et l'on aperçoit une table entourée de convives en costumes du siècle précédent.

Une jeune fille est à la droite du seigneur protestant, qui lui-même paraît plus jeune; c'est toujours la Bohémienne, mais c'est en même temps la personne dont l'image est restée dans l'imagination du capitaine.

Pendant que ces personnages prennent part au banquet de famille, le son d'une trompette retentit au dehors. A ce moment, Chavagnac porte la main à son clairon et s'écrie comme pris d'un souvenir terrible : « Les huguenots à mort! à mort! » Un clairon vêtu comme lui entre dans la salle en répétant ces mots ; des soldats costumés en dragons de Louis XIV se précipitent sur les protestants, et les portes du pavillon se referment au moment du tumulte que doit amener cette situation.

Brisacier, cependant, a revu dans cet instant toute une scène dont le souvenir vague n'avait jamais été expliqué pour lui ; quant à Chavagnac, en proie à la plus profonde terreur, il demande pardon aux esprits vengeurs qu'il croit irrités contre lui, et raconte que c'est en effet lui-même qui a sonné l'attaque du château protestant. Seulement il a sauvé du milieu des morts et des blessés un jeune enfant qui n'est autre que Brisacier, et l'ayant fait élever dans la foi catholique et adopter par le régiment, il ne lui a jamais parlé de sa naissance et a détourné ses idées des premières impressions de sa vie.

La margrave reparaît, et pour effacer ces sombres souvenirs, elle ramène autour de Brisacier les jeunes filles qui lui présentent la coupe de l'oubli ; la seule image qui reparaît est celle de la fille aimée; elle lui chante et le bonheur et la perspective de se rendre digne d'elle en protégeant les malheureux proscrits. Cependant le sommeïl s'empare des deux militaires, et l'on comprend que c'est dans cet état, dû à une liqueur préparée, qu'ils seront transportés hors du château.

TROISIÈME ACTE

La scène se passe dans le camp français au bord du Rhin. La bataille a lieu dans le lointain, dans la plaine de Friedlingue, et les paysans effrayés viennent demander protection aux troupes de réserve qui gardent le camp. La compagnie de Brisacier se désespère de ne pas prendre part au combat. En ce moment, Brisacier et Chavagnac, pâles de la nuit qu'ils ont passée, reparaissent et cherchent à échapper aux interrogations. Le capitaine veut regagner la salle des arrêts, mais on vient annoncer que la bataille est perdue et que l'aile gauche des impériaux se prépare à attaquer le camp. Le peuple effrayé s'adresse au capitaine, qui voyant revenir des soldats débandés prend sur lui la résolution d'appeler sa troupe aux armes.

Pendant que les paysans suivent avec anxiété les chances du combat, les chefs victorieux reviennent du côté opposé, et là se passe la scène historique dans laquelle les soldats nommèrent Villars maréchal de France sur le champ de bataille. Cependant une inquiétude interrompt ce triomphe : on apprend à Villars qu'un parti de troupes débandées ont été ramenées au combat par une compagnie de réserve, qui elle-même a été à la fin repoussée par le gros des ennemis en retraite. On envoie du monde pour les dégager, et bientôt l'on ramène Brisacier confondu. Parmi les ennemis qu'il a trouvés en face de lui, il a reconnu le vieillard mystérieux, et n'osant le frapper il s'est précipité parmi les ennemis en appelant la mort. Conduit devant le général en chef après avoir été dégagé, il demande d'être jugé selon la rigueur militaire, et les chefs ne peuvent prononcer autre chose que la mort ; au moment où le conseil se réunit pour prononcer cet arrêt, on amène des prisonniers faits dans la sortie qui a été cause de ce désordre et qui, on le comprend, a été tentée par les habitants du château. Le capitaine Brisacier, qui, en proie à des idées mystiques, ne voulait plus que mourir pour retourner au séjour féerique entrevu la nuit précédente, reconnaît avec désespoir les habitants du château qui ne sont plus que des proscrits ; le lieutenant, jaloux de son grade qui lui a nui encore dans cette affaire, raille Chavagnac qui, pour essayer de sauver son ami, avait raconté les circonstances fantastiques de la nuit. Cette ironie porte en même temps au cœur de Brisacier ; toutefois les prisonniers viennent près de lui, et une explication donnée par la margrave achève de dissiper ses doutes. En même temps la margrave lui apprend que l'électeur *roi des Romains*, son parent, traite en ce moment même avec Villars, et que, grâce à des concessions faites à la France, la délivrance des prisonniers est assurée. Ne se doutant pas en outre de la position dans laquelle s'est mise Brisacier, elle appelle Diane et réunit les amants comme désormais fiancés. Là a lieu une scène où Brisacier mêle tristement en lui-même la perspective de sa mort à l'heureuse destinée qui lui arrive en apparence.

Le voilà reconnu membre d'une illustre famille, on lui promet celle qu'il aime ; tout s'éclaircit autour de lui ; ces êtres fantastiques, entrevus comme dans un rêve, sont vivants et lui va mourir ! Au moment où, n'osant les détromper, il accepte ce que la margrave lui promet, la décision du conseil de guerre est annoncée et consterne les assistants.

La margrave quitte la scène, avertie de l'arrivée de l'électeur roi des Romains. Elle court à lui pour l'implorer, et l'on apprend bientôt qu'il est en conférence avec Villars. Mais ce qui rend la grâce impossible au moment où elle semble décidée, c'est qu'un sergent coupable d'une faute analogue a été déjà passé par les armes. Cette péripétie, à laquelle on peut ajouter le murmure des soldats qui croient qu'on va faire un passe-droit à cause de l'origine noble du capitaine désormais reconnue, amène une résolution par suite de laquelle un peloton est commandé pour l'exécution par les armes de Brisacier. Le trompette Chavagnac parle en secret aux soldats choisis pour cet acte, lesquels sont de vieux soldats qui, comme lui, ont concouru à sauver autrefois Brisacier enfant.

La nuit commence à tomber et les troupes repassent le Rhin en abandonnant la rive, par suite du traité fait avec l'électeur; on entend bientôt le bruit de l'exécution de Brisacier, et les proscrits se désolent sur la scène de cette condamnation qui s'exécute derrière les arbres voisins. Mais un instant après, la troupe restée en dernier lieu s'embarque, et Brisacier, qui n'a subi qu'un simulacre d'exécution destiné à tromper l'armée, se jette dans les bras de ses parents avec lesquels il vivra désormais en épousant Diane d'Alby.

LASSAILLY

I

Il était un peu plus de minuit. Le poète Lassailly venait de se coucher.

Lassailly n'était alors connu que par sa maigreur extraordinaire, quelques strophes farouches, et un livre intitulé : *Les Roueries de Trialph, notre contemporain avant son suicide.*

Lassailly venait de se coucher, bien que l'on fût en pleine époque de romantisme et que les nuits appartinssent de droit aux *orgies échevelées*, ou tout au moins aux veillées fiévreuses. Il s'était couché en ricanant, en se traitant lui-même de bourgeois, et en récitant ironiquement devant son miroir des fragments de la *Henriade*.

Puis, après ces *affreux blasphèmes*, il avait soufflé sur la tête de mort dans l'intérieur de laquelle il avait coutume de placer sa bougie, — et il s'était endormi en invoquant le cauchemar.

A ce moment, la maison fut ébranlée par plusieurs coups de marteau. Une voiture venait de s'arrêter devant la porte ; un homme en descendit, qui se fit indiquer la chambre de Lassailly, voisine des étoiles, et qui y monta malgré l'heure indue.

Deux laquais en livrée le précédaient, porteurs d'étincelants flambeaux.

Aux lueurs féeriques qui se répandirent par le trou de la serrure, et aux bruits de voix qui remplissaient l'escalier, Lassailly se réveilla en sursaut et chercha convulsivement sous l'oreiller son poignard malais, tordu en flamme.

— Ouvrez, lui cria-t-on.

— Qui est là ?

— M. de Balzac.

A ce nom, qui était alors aussi glorieux qu'aujourd'hui, Lassailly s'empressa de revêtir le pantalon de molleton, mi-partie rouge et vert, qui lui donnait l'aspect du plus osseux figurant des théâtres du boulevard.

Après quoi, il alla ouvrir.

C'était bien M. de Balzac, en effet, avec son chapeau aux bords retroussés, sa grosse canne enrichie de turquoises et ornée d'énormes glands. Il était jeune; ses cheveux étaient d'un beau noir: ses yeux, sa bouche avaient cette ardente et heureuse vivacité qui montraient son génie entier. Un peu d'embonpoint ne lui nuisait pas.

En ce temps-là, — temps bien éloigné de nous déjà! — M. de Balzac était non-seulement le premier, *mais encore le plus fécond de nos romanciers*.

Il avait besoin d'un collaborateur pour remplir divers engagements pris trop précipitamment avec ses éditeurs, et il avait jeté ses vues sur Lassailly, dont le talent était incontestable, quoique singulier et surtout peu pratique.

M. de Balzac expliqua en peu de mots à Lassailly ses intentions, et, sans lui laisser le temps de répondre, il l'entraîna jusqu'à sa voiture. Les deux laquais soufflèrent sur les flambeaux et les mirent dans leurs poches.

Le cocher fouetta vers les Jardies.

Les Jardies sont, comme on le sait, situées à Ville-d'Avray, sur un petit versant. Il ne faut pas croire à toutes les farces que l'on a émises sur leur construction. C'est une maison charmante, que le propriétaire actuel, sans presque rien y changer, a divisée en petits appartements qu'il loue pour la saison fleurie.

Pendant le trajet, M. de Balzac avait développé à Lassailly ses plans, ses comédies, ses éditions à remanier, ses projets de revue, ses rêves d'administration pour la Société des gens de lettres, ses traités avec les journaux, ses procès, ses grands voyages, sa doctrine politique, ses inventions industrielles, ses idées sur l'ameublement, sur le costume, sur la démarche, sur l'hygiène, sur les sciences occultes, sur le sentiment religieux, sur les tribunaux et sur les banques de toutes les nations.

Quand on arriva aux Jardies, Lassailly avait la tête grosse comme une mosquée.

Il n'osait souffler mot, cependant.

M. de Balzac l'attela à une besogne de Titan et le soumit à un de ces incroyables régimes dont il a été souvent parlé : café toutes les heures, épinards, oignons en purée, sommeils interrompus.

L'étonnement soutint Lassailly pendant les premiers jours et pendant les premières nuits. Toutefois, ses pommettes rougissaient, et ses yeux commençaient à sortir de leur orbite!

M. de Balzac, au contraire, était joyeux et à l'aise comme une salamandre dans un bon feu. Il se promenait de long en large dans sa *Comédie humaine*, causant avec tous les personnages et les précipitant à la traverse de nouvelles intrigues, dotant Rastignac de plusieurs millions, procurant un amant à madame de Maufrigneuse, rêvant une évasion pour Vautrin, couronnant de fleurs le grand poëte Canalis, se vengeant du critique Blondel ou tuant le pauvre et joli petit diable d'Angoulême, Lucien de Rubempré.

Au milieu de tous ces gens avec lesquels il était loin d'être aussi familier, Lassailly sentit qu'il allait devenir fou.

Aussi, le cinquième jour, demanda-t-il un congé à M. de Balzac; mais M. de Balzac le remit à huitaine.

Lassailly patienta encore; le café lui rongeait les entrailles; il n'y voyait déjà plus.

Enfin, la semaine s'écoula. Mais la besogne n'était pas terminée : il manquait un demi-volume. M. de Balzac s'emporta, fit la sourde oreille et alla fermer à double tour la porte de la maison. Puis, on apporta du café, — et les deux plumes recommencèrent à grincer sur le papier...

La nuit suivante, par un beau clair de lune, un homme pâle et décharné comme un spectre, les vêtements en désordre, sans chapeau, escaladait le mur du jardin, avec tous les signes du plus vif effroi et de la plus grande précaution.

C'était Lassailly qui s'enfuyait des Jardies.

II

Charles Lassailly n'était pas précisément fou, — mais le peu qu'il a fait imprimer est empreint d'une couleur étrange. Sa phrase a des faces inusitées, des éclats soudains, des ténèbres et des lueurs.

Son livre des *Roueries de Trialph* est ce que j'ai lu de plus échevelé dans ce genre, et l'effet en fut tel qu'il a pesé sur toute sa vie. La *Revue des Deux Mondes*, où il a écrit ensuite plus d'une page charmante et contenue, ne lui permit jamais de signer son nom, — à cause de cet antécédent.

Balzac, qui a eu pour secrétaires, quelquefois même pour ébaucheurs ou grossoyeurs de besogne, les cinq ou six plus intelligents des écrivains de ce temps-là : Édouard Ourliac, Théophile Gauthier, Laurent Jan, de Gramont, — et, dit-on aussi, Jules Sandeau ; — Balzac, qui possédait au delà de toute expression *le flair*, avait flairé Lassailly. « C'était, a raconté M. Amédée Achard, lorsque se préparait le tableau gigantesque de la *Comédie humaine*. M. de Balzac veillait sept nuits par semaine : à cette manufacture de romans il avait adjoint une fabrique de drames. Ce pauvre Lassailly, de mélancolique mémoire, celui-là même que ses amis appelaient Trialph, lui servait de secrétaire... »

Lassailly a écrit un peu partout, mais surtout dans les recueils les plus inconnus. I avait un talent réel pour les vers, une facture gênée, mais un ton âpre ; — j'ai lu dans un *magazine* oublié, intitulé : *les Étoiles*, un de ses plus longs morceaux, *le Prolétaire*, qui est écrit avec du feu sombre. Comme tous les poëtes amers, il évoque beaucoup Gilbert, et c'est avec de funèbres pressentiments qu'il rappelle sa mort déplorable [1].

Moi cependant je m'étonne de trouver dans l'âme des démocrates (Lassailly était républi-

1. Qu'il me soit permis de revenir sur un fait, que j'ai déjà eu l'occasion de constater. Notre XIXe siècle veut absolument que Gilbert soit mort de misère, parce que Gilbert est mort à l'Hôtel-Dieu. J'en suis fâché pour le XIXe siècle, mais il doit chercher ailleurs ses sujets d'apitoiement, qui du reste ne lui manqueront pas. Gilbert, lorsqu'il mourut, était *tout à fait dans l'aisance ;* il avait surmonté les obstacles du début ; il avait percé la foule ; souvent on le rencontrait vêtu d'un magnifique habit brodé d'or. Sa folie est due, non pas à une accumulation de déceptions littéraires, comme on l'a prétendu, mais à une cause purement accidentelle, à une chute de cheval qui occasionna une fièvre chaude, pendant laquelle, — tout le monde sait cela, — Gilbert avala une clef. Dans ces circonstances, on le transporta à l'Hôtel-Dieu, c'est ce qu'on avait de mieux à faire.

Sans doute, la *pauvreté* fait très-bien au bout d'un vers mais la vérité fait encore mieux. Plaignons Gilbert de sa mort prématurée, mais n'en tirons pas de conséquence. Mercier, qui était un de ses amis et qui a recueilli son dernier soupir, a donné sur l'état de sa fortune les renseignements les plus rassurants.

cain) une telle tendresse pour ce Gilbert qui a tant guerroyé contre les philosophes et les hommes de progrès, ce Gilbert qui mangeait à la table de l'archevêque de Paris, ce Gilbert qui, s'il vivait encore, serait infailliblement traité de *réactionnaire*, de *jésuite*, de *poëte de sacristie*. O inconséquence des enfants de Voltaire!

Quand ce ne fut plus M. de Balzac, ce fut M. Villemain qui employa notre vagabond Lassailly. Chez M. Villemain, Lassailly occupa ses heures de loisir à composer des drames invraisemblables et un poëme qui n'a pas paru.

Sa pauvre tête allait de droite à gauche, battant ainsi la poésie, l'histoire, la politique, le théâtre, — et ne trouvant qu'un mur partout. A force de s'y cogner, elle se rompit. La fin de Lassailly-Trialph ressemble assez à la fin d'Édouard Ourliac, cet autre secrétaire de Balzac. — Le maître aussi a rejoint ses secrétaires! — Lassailly disparut soudainement du monde, et nul ne sut où il s'était réfugié. On s'inquiéta de lui les premiers jours, on hocha la tête, et quelques-uns proposèrent de le réclamer par la voie des journaux; au bout d'une quinzaine on n'y pensa plus. Pendant ce temps, seul, dans une maison située à l'ombre de l'église Saint-Étienne-du-Mont, Lassailly, agenouillé et se meurtrissant la poitrine, expiait *les Roueries de Trialph*. La religion l'avait gagné tout entier, ou plutôt la religion l'avait reconquis, — car il avait été autrefois un pieux enfant, soumis à sa mère et à Dieu.

Même histoire pour Ourliac.

Partis tous les deux du même point, tous les deux devaient y revenir, à quelques années de distance seulement. Mais entre le départ et le retour, quelle parabole excessive n'ont-ils pas décrite l'un et l'autre! Quel voyage extravagant dans les terres australes de la littérature, à travers la révolution de Juillet, le *Figaro*, les premières représentations du drame moderne, Renduel et Ladvocat, les délires byroniens, le saint-simonisme, les gravures foncées de Tony Johannot, M. Viennet vaincu, l'hémistiche brisé ou la mort!

Ourliac était le plus sage, rendons-lui cette justice; il était le plus moqueur aussi; l'auteur de *Gil-Blas* avait dû le tenir sur les fonts baptismaux. Lassailly ne procédait de personne, c'est pourquoi il procédait un peu de tout le monde; il jouait *bon jeu bon argent*, comme on dit; il était tout cœur, tout inspiration! — Il est mort le premier.

Voici comment M. Jules Janin, qui eut vent du décès, a parlé de ce pauvre garçon dans le feuilleton des *Débats* :

« Nous avons vu mourir un des nôtres cette semaine, ce jeune Lassailly dont la triste destinée pleine d'enseignements ne servira d'enseignement à personne. Il était venu, lui aussi, du fond de sa province, la tête remplie de chefs-d'œuvre et son portefeuille vide. En cinq ou six ans de cette vie littéraire qui tue les corps, les âmes et l'esprit, le pauvre jeune homme avait rempli son portefeuille; mais ce portefeuille rempli, sa tête était vide.

« ... Avant d'être déclaré et reconnu malade, il écrivait à lui seul un journal, tout un journal, une feuille impitoyable, dans laquelle il traitait sans pitié quiconque tenait une plume en ce siècle. Il les appelait — des gens épuisés, — des génies avortés, — des romanciers aux abois, — des novateurs usés jusqu'à la corde, — des copistes, des plagiaires, — des bandits qui écrivaient pour vivre. Il était sans pitié, il était furieux, à ce point qu'il fallait nécessairement que ses victimes fussent enfermées aux Petites-Maisons, ou que lui-même il y fût enfermé. Ce fut lui [1].

« ... Dans les désordres de sa pensée, il avait des naïvetés charmantes. C'est lui qui m'écrivait : — *Vous avez parlé avec tant de tendresse de notre ami ***. C'est une injustice, il n'est pas si fou que moi!* »

Il n'en a guère été écrit plus long, je crois sur la vie et la mort de Lassailly. Cette figure incertaine, cet esprit disséminé, contrariant, trop irrésolument fantasque; cette plume fatiguée avant d'avoir tracé son premier mot, ce poëte toujours en güerre avec lui-même, n'était pas d'ailleurs d'un si grand poids dans la balance littéraire. Heureux est-il encore d'avoir pu arracher à l'indifférence de la critique ces quelques lignes d'épitaphe!

1. *Revue critique*, journal mensuel. S'adresser pour tout ce qui concerne la rédaction, à M. Lassailly, rue Caumartin, 41. On s'abonne à la Tente, galerie Montpensier, 6. Janvier 1840 (Imprimerie Belin et Ce, rue Sainte-Anne, 55). — A l'appui de ce que dit M. Janin, voici quatre vers d'une *Ode à l'Aristocratie* contenue dans le premier numéro de ce journal :

. . . .
O calomnie aux ongles longs!
O menteur Journalisme, éloquence sans âme,
Heroïsme bâtard, inglorieuse lame
D'assassins qui n'ont pas de noms!

Si pourtant l'on me demande d'où me vient cette sympathie pour ces inconnus, ces oubliés, ces dédaignés, et pourquoi je m'attache à reconstruire leur œuvre d'égarement, tandis qu'il y a autour de moi tant d'écrivains corrects et sérieux, tant de professeurs traduisant Perse et Juvénal, tant de gens d'étude, universitaires et autres, qui s'accommoderaient si parfaitement d'un peu de publicité; — je répondrai, d'abord, que je n'aime donner qu'aux infiniment pauvres, ensuite que la compassion littéraire porte en elle-même son pourquoi, et qu'il suffit d'avoir un peu de talent et beaucoup de malheur pour m'attirer; toutes raisons excellentes. Mais les vrais bibliophiles ne me feront jamais de questions semblables : rassurons-moi.

Et puis, il me semble que l'histoire des gens presque inconnus doit avoir pour beaucoup de lecteurs l'attrait du roman; — tout l'invraisemblable dans le vrai, songez-y! Un nom sans autorité comme Pierre ou Jean, à peine quelque chose de plus que les héros imaginaires, quelques lignes imprimées dans un coin, juste de quoi justifier d'une existence réelle, trois ou quatre personnes qui disent : *Je l'ai connu!*

voilà tout. Du reste, de la passion, des événements, de la douleur, des larmes tant qu'on en veut, de la raillerie parisienne, rognures des petits journaux sanglants, de la verve, du coup de fouet; — et enfin, au bout de tout cela, la vérité, la grande vérité, qui se porte caution de votre attendrissement!

Les choses qui sont arrivées à Lassailly ne sont-elles pas aussi intéressantes que les choses qui ne sont pas arrivées aux personnages d'Alexandre Dumas? Sa folie ne vaut-elle pas les folies inventées? Ses amours — ces mystérieuses amours de Lassailly pour une grande dame avérée — ne peuvent-elles être comparées aux amours d'imagination? Meurent-ils autrement, les Arthur d'in-octavo?

Une des choses qui me font aller vers l'autobiographie, de si bas qu'elle parte, c'est la défiance de ma sensibilité, qui ne veut pas, autant que possible, se laisser intéresser à faux ou à vide.

Les *Roueries de Trialph* sont évidemment une autobiographie déguisée. Comme ce livre est rare, — je ne sais pas pourquoi, — et qu'il offre en outre mille curiosités de sentiment et de style, on souffrira que j'en fasse le dépouillement analytique. Selon moi, la critique rétrospective est la meilleure et la plus efficace; j'essayerai un jour de l'appliquer à quelques-unes des œuvres soi-disant considérables publiées depuis vingt ans.

Comme tous les livres de 1833, les *Roueries de Trialph* débutent par une préface, une longue préface, qui vous monte à la tête comme la vapeur d'une tonne de bière au moment de la fermentation. Cette préface ne dit rien, comme beaucoup de préfaces; mais au moins elle sait qu'elle ne dit rien, ce qui constitue le premier des mérites négatifs. « Après tout, ce sont mes mémoires que je signe. J'ai nom Trialph. Point de généalogie. Je sais seulement que Trialph vient de *Trieilph*. Cette expression, dans la langue danoise, signifie : GACHIS. »

La préface mentirait à sa date, si elle n'amalgamait dans un éblouissant éclectisme Napoléon, Richter, la Morgue, Rabelais, Shakespeare, Robespierre, le préfet de police et Malherbe. Dans sa préface, Trialph cause particulièrement de la République, qu'il voudrait savoir possible; mais, hélas! murmure-t-il, on ne rencontre plus personne de bonne volonté :

« En France, quel citoyen échelonnera humblement sa capacité à me cirer mes bottes de poëte crotté? » Ainsi raisonne Trialph. En littérature, il paraît n'être d'aucune école, on ne trouve pas un seul nom contemporain sous sa plume.

« Ce que j'écrirai ici, je l'ignore. Je veux seulement esquisser quelques vérités sur le citoyen Cœur humain. » Le malheur est que les vérités de Trialph sont trop souvent saupoudrées d'immoralité. J'aurais voulu le connaître au temps où, selon son expression, il avait des illusions comme un eunuque de la graisse. Aujourd'hui, ce n'est plus qu'un ricaneur, et de la pire espèce encore : un ricaneur qui veut être plaint! Sa préface est une parodie sérieuse des préfaces les plus célèbres; il penche la tête d'un air douloureux et se demande où va le monde,— à propos des amours de Nanine et d'Ernest, qu'il va raconter tout à l'heure.

Au milieu de ces digressions usées, de ces moqueries sans motif, de ces colères inutiles, de ces dédains littéraires, de ces saccades prévues, au milieu de toutes ces choses inachevées et recommencées dont se compose cette préface, il y a cependant un élan de cœur que je ne puis suspecter, et qui tranche sur l'allure divagante du morceau :

« J'ai un aveu qui me pèse.

« Je suis malheureux...

« Oh ! ma pauvre mère !

« Ma mère ! Tu m'as donné la vie, tu as veillé pendant des nuits longues et froides auprès de moi, qui reposais dans un berceau; tu m'as enlacé de soins et de tendresse, tu as pleuré beaucoup sur mon avenir; tu m'avais averti... Je t'ai coûté la santé, le bonheur, ma mère, hélas ! et je maudis mon existence !...

« Oui, je la maudis ! »

Les *Roueries de Trialph* commencent par un bal, en plein faubourg Saint-Germain.

On voit passer le héros en habit boutonné.

Il est moins sombre que d'habitude; il a formé le projet, ce soir-là, de se *gargariser de quelques drôleries de sentiment.*

Amer Trialph !

En conséquence, après quelques minutes d'examen sous un candélabre, il entre en adoration d'une jeune fille et d'une femme mûre, — toutes les deux à la fois.

La déclaration d'amour à la jeune fille

assez étonnante. Il lui dit :— Mademoiselle, je vous aime autant que la République.

« *La jeune fille devint rose d'émotion.* »

Trialph fait une pirouette, et se dirige ensuite vers la femme mûre, laquelle est une comtesse de haute vertu, avec des yeux bleus, un teint pâle sous le bismuth et le vermillon, et une *taille à l'entonnoir.*

Il lui demande un rendez-vous pour le lendemain.

Ces deux exploits accomplis,— Trialph s'en va se coucher.

Au fond, ce Trialph est un mauvais drôle, toujours grinçant des dents, mal frisé, *désaimant* tout, passant de longues heures en tête à tête avec un pistolet chargé, lisant lui aussi ses prières dans lord Byron, mâchonnant un éternel blasphème sous sa lèvre crispée, et goûtant une joie sauvage à s'accouder sur le parapet du pont Notre-Dame, en regardant d'un œil fasciné les nappes verdâtres de la Seine. Un Jeune-France, enfin.

Ces Jeune-France sont si loin de nous, que cela vaut la peine d'en parler.

Comme tous les Jeune-France, Trialph a sur sa chiffonnière, auprès de son lit, une tête de mort non lavée à la chaux, toute jaune encore de rouille humaine. Dans le creux de l'œil droit il a placé la montre d'un *curé de campagne* (le parrain de Mardoche, probablement), et dans le creux de l'œil gauche un charmant petit thermomètre. — La charpente osseuse du nez lui sert à suspendre ses bagues d'or et le camée d'un bracelet qu'il « a volé un jour à une fougueuse Italienne, qui s'est mise depuis à chanter, *la misérable créature*, pieds nus, sur les boulevards. »

Trialph, à son réveil, met des gants glacés et se rend chez la femme mûre à qui il a demandé un rendez-vous, madame la comtesse de Liadières.

Il fait sa cour à la façon des Jeune-France, c'est-à-dire il ricane, il pâlit, il déchire sa poitrine avec ses ongles, il pose sa main sur la rampe du balcon en murmurant : — Mon Dieu ! que le ciel est pur ; mon Dieu ! que cet air est suave !... Mais lui, son front est brûlant, son sang bout dans sa tempe à lui ouvrir le crâne ; il essaye de parler de choses indifférentes, du bois de Boulogne, du paillasse Deburau, de l'athéisme, des Polonais, de tout ce qui est à la mode; enfin il se jette aux genoux de la comtesse et la tutoie :

— Femme! que tu es belle ainsi!

La comtesse ne fait pas jeter cet animal à la porte. Au contraire; elle le trouve intéressant, nouveau. Cela enhardit Trialph, qui se lance dans toutes sortes de sarcasmes contre l'amour, contre la patrie, contre la gloire, contre les belles-lettres, contre la lune, contre la législation actuelle, contre les jolies femmes, et qui termine par un *éclat de rire convulsif*, — cet éclat de rire convulsif sur lequel ont vécu tant de romans et tant de drames.

— Vous m'effrayez, dit la comtesse de Liadières; pourquoi rire ainsi?

— Je ris, madame, de ne pas me voir pendu ou brûlé vif. Un matin que je rencontrerai la signora Société dans les rues de Paris, je veux en passant lui jeter au nez cette prédiction qu'elle mourra l'année prochaine, s'il éclôt par hasard en France trente faquins de bouffons comme moi!

Cela est bien sage dans la bouche de Trialph.

Mais Trialph ne demeure pas longtemps dans sa franchise. Quand il lui est bien prouvé que la comtesse l'aime, le voilà qui devient brutal et grossier envers cette femme charmante; le voilà qui l'appelle coquette, déloyale, qui lui parle de M. Liadières et qui se déchaîne contre l'adultère. Il marche à grands pas dans le boudoir, il est écumant, il est frénétique; enfer et puissances du ciel! Massacre et railleries! Il casse le cordon de la sonnette, il éreinte le tapis à coups de talon de botte, il frappe à poing fermé sur le piano. La comtesse, épouvantée, se roule dans un coin comme un serpent en spirale. Immobile et muet, Trialph la glace d'un sourire diabolique.

« *Je devais être horriblement beau!* » ajoute-t-il.

Vraiment, j'éprouve quelque honte à vous raconter ces désordres. Telle était pourtant une scène d'amour en ces temps-là, tels étaient les amoureux du livre et de la scène. Trialph n'est guère plus exagéré qu'Antony ; il ne sait pas ce qu'il veut, il ne veut plus ce qu'il a demandé, il menace, il implore, il sanglotte, il a la fièvre.

Ils avaient tous la fièvre, alors.

Cette *furia* d'amour, répandue en littérature par *Indiana*, par les drames fauves, par les poésies noires, a été assez heureusement caractérisée dans un vaudeville joué par Arnal :

Quel plaisir de tordre
Nos bras amoureux,
Et puis de nous mordre
En hurlant tous deux !

Vous voyez que Trialph est tout à fait dans la tradition, lorsque hérissé, funeste et se *gorgiasant* à l'aise dans son délire satanique, il foule aux pieds cette femme du monde, cette comtesse, absolument comme si c'était madame Dorval.

Silence ! Voici le mari qui entre, M. de Liadières.

« M. de Liadières alla se poser debout devant la cheminée. Il contempla d'un air froid et sérieux la comtesse, qui n'osait s'approcher de lui. Elle était échevelée. Le *vieillard* soupira. Jamais la majestueuse sérénité de son front chauve ne m'avait inspiré autant de respect; il me paraissait voir une ondée de lumière descendre sur le visage de cet homme comme un rayon pur de soleil sur la neige éblouissante des Alpes. ***Oh! il était beau, ce vieillard! Qu'il était beau!*** »

Reconnaissez le vieillard de *Portia*, d'Alfred de Musset, ce même vieux à tiroir, — dévasté et noble, — qui défraie toute la littérature d'après Juillet.

Trialph et le vieillard se sont compris dans un seul regard : ils se battront à la pointe du jour.

En attendant, Trialph va dîner avec des républicains qui conspirent.

Il sable le champagne.

Il fume des feuilles sèches d'opium.

Les républicains émettent divers procédés pour se défaire du roi Louis-Philippe.

— Je m'offre, s'écrie l'un d'eux, à le piquer avec une aiguille aiguisée d'acide prussique, en lui donnant une poignée de main, *comme il en prodigue aux vils séides qui se foulent au devant de son cheval...*

— Quand agiras-tu?

— Je voudrais bien ne plus souffrir du pied : jamais je ne parviendrais à m'échapper...

Interrogé à son tour, Trialph convient qu'il n'est qu'un détestable farceur dont ils n'ont pas besoin.

Fi du Trialph !

Trialph laisse-là cette mauvaise compagnie.

Il entre au Théâtre-Français.

Il se promène dans le foyer, où sont réunis

les *aristarques de la presse* : « colporteurs de cancans, jansénistes littéraires; puis, tout le *servum pecus* romantique des moutons qui bêlent, parce que le bélier marche en avant; aiglons de basse-cour, rapsodes benêts, automates extatiques qui dansent toute une soirée comme les poupées de l'immortel Séraphin! »

Ah çà! dira-t-on, Trialph n'est donc pas romantique?

Certainement non!

Trialph professe des opinions énergiquement classiques, — à la façon d'Eugène Delacroix, — il adore *Athalie* et *Phèdre*.

Trialph classique, c'est bien plus drôle!

Ainsi charme-t-il ses loisirs, en attendant l'heure de son duel avec M. de Liadières.

A ce duel, M. de Liadières juge convenable d'amener, en guise de témoin, sa femme, la comtesse, — ce qui déroute entièrement Trialph.

— La religion des usages, pense-t-il, se refuse à ce que j'assassine le mari de ma maitresse devant elle. Je n'ai encore rien vu de cela dans aucune de nos pièces, dans aucun de nos romans. Je ne veux pas devancer le drame de la scène dans le drame de ma vie. La littérature crée des mœurs aux sociétés qui veulent sembler vivre. La bonne décence prescrit le reste *aux honnêtes gens qui ont du goût.*

Il essaie de soumettre à M. de Liadières cette observation pleine de délicatesse.

Mais le *beau vieillard* le traite de misérable et lui croise ses deux poings sous le menton.

C'est un ancien militaire, comme tous les vieillards de la littérature.

On arrive dans un endroit écarté, près de la barrière Saint-Jacques.

La femme pleure.

Les deux hommes sautent sur les épées.

Le cocher fume sa pipe, en caressant tranquillement ses bêtes.

Tirade sur le beau temps qu'il fait.

La femme se meurtrit les bras.

Les deux hommes fondent l'un sur l'autre.

Le cocher détourne les yeux.

Tirade sur le duel : « Le duel prouve ce qu'il veut prouver, je le soutiens. On a beau mouler des phrases, tout ce qui n'est pas le duel ment à ceux qui doivent se battre. Le meilleur raisonnement contre les ampoules du style et les sophismes de la sensibilité, c'est que notre estomac digère la chair des animaux et notre conscience les conséquences d'un duel honorable. »

La femme s'évanouit...

Trialph vient de faire voler en éclats l'épée de M. de Liadières, il ne veut pas du sang de ce vieillard !

Ce jour-là, par un hasard étrange, on guillotine un boucher sur la place de la barrière Saint-Jacques ; — la scène de guillotine est indispensable dans les romans de 1833 ; — toutes les fenêtres sont louées : à l'une d'elles, Trialph aperçoit Nanine, cette jeune fille du premier chapitre à qui il a adressé une déclaration républicaine. La société est fort belle et respire des violettes en attendant le condamné. Comme Trialph est connu pour un peu poëte, on le prie de réciter des vers, du *gracieux*, de l'*aérien*.

Trialph récite une ballade intitulée le *Sylphe*, — la crème de sa littérature, dit-il, la meringue de ses œuvres fugitives.

Pendant ce temps-là, Nanine a posé sur le pied de Trialph son joli soulier satiné.

C'en est fait, Trialph aimera Nanine. Il l'aime déjà.

— Au large ! s'écrie-t-il, j'aime ! j'aime !

Moi, j'aime d'amour! C'est Nanine que j'aime, et je l'aime plus que je ne voudrais l'aimer, je le vois. Mais qu'importe! Je ne suis pas habitué à jeter mes passions au dehors, comme on fait d'un créancier qui mettrait la main sur votre habit, en disant : Vous n'avez pas le droit de porter cet habit!

Puis tout aussitôt — car l'âme de Trialph est comme la patte d'oie d'une forêt où se croisent divers sentiers — il lui vient des inquiétudes, des troubles que, par parenthèse, il exprime en très-poétique langage : « A prévoir de loin, peut-être ai-je peur avec raison que cette vierge blonde s'abandonne parfois à des instincts de coquetterie. Quand, pour me plaindre alors, je m'approcherai d'elle, au milieu de la foule des indifférents, Nanine, je le crois, voudra bien avoir la complaisance de ne pas s'éloigner. Je serai pâle, je tremblerai. D'une bouche timide qui permettra à peine aux sons de ma voix de se faire entendre, je lui dirai : Vous me trompez! Elle répondra vite : Non! Et sans que rien l'ait troublée, ensuite elle s'envolera vers d'autres hommages, moins sérieux, moins exigeants. Puis, en se souvenant par hasard de mes inquiétudes : C'est un fou qui m'aime trop ! se répétera-t-elle pendant la danse où j'épierai les regards furtifs de ses beaux yeux noirs, presque toujours pleins de bonheur...

« Néanmoins, *je consens à l'aimer!* » ajoute Trialph, en concluant.

Hélas ! cher Trialph, tu comptes sans ton ami Ernest !

Ernest est un jeune homme qui a la main heureusement gantée et qui s'est acquis je ne sais quelle grâce à jeter son lorgnon au-devant de toutes les loges d'Opéra.

Au moment où la belle société se porte aux fenêtres pour voir arriver la charrette, Ernest s'approche de Trialph et lui jette discrètement dans le tuyau de l'oreille la nouvelle de son prochain mariage — avec mademoiselle Nanine de Massy.

— Il me faut un meurtre ! murmure Trialph.

Enfin !

Je trouve, moi, que ce meurtre s'est bien fait attendre.

Le premier meurtre de Trialph, — c'est tout uniment un suicide.

Trialph, qui n'y met pas de prétention, se fait un verre d'eau sucrée avec plusieurs petits paquets de morphine; et il l'avale, pendant que le couteau de la guillotine tranche la tête du boucher de la barrière Saint-Jacques.

Fait! comme disent les enfants, au jeu de cache-cache.

Quand il s'est empoisonné, Trialph veut assister à un bal : — Oui, s'écrie-t-il, puisque la lutte m'a épuisé avant le terme, ma place de mort est là, aux splendeurs factices de la lumière des bougies, parmi les femmes et les fleurs artificielles, parmi les égoïstes, les repus, les contents, les orgueilleux, les ingrats, parmi les privilégiés, les accapareurs de places, les brevetés, les pensionnés, les distributeurs de médailles et de couronnes, parmi ceux qui volent au jeu de cartes et ceux qui ne se fatiguent pas de la valse adultère!

La *valse adultère!* voilà leur grand mot, leur grande pudeur.

O moralité des Jeune-France!

Au bal, — Trialph danse comme un perdu, il boit du punch, il copie sa ballade du *Sylphe* sur l'album d'une vieille dame, il se livre à la valse adultère, il fait mille gambades, — et, en fin de compte, il reconnaît qu'il s'est mal empoisonné. Déception!

Au désespoir d'avoir manqué son coup, Trialph se rend dans le bureau d'un journal, et, moyennant quelques centimes, il fait insérer les lignes suivantes :

« Un particulier, décidé au suicide, désire exploiter avantageusement sa mort, pour payer la corbeille de noces d'une femme, qu'un de ses amis arrache à son amour. Il offre donc le sacrifice de sa vie à la merci d'un projet quelconque, moyennant une somme dont il sera convenu entre les parties intéressées. — S'adresser, pour les renseignements, à M. A. B., poste restante, à Paris. »

Cette annonce a pour résultat d'amener une lettre anonyme qui enjoint à Trialph de se trouver, masqué, au bal de l'Opéra.

Là, Trialph se voit accosté par M. le comte de Liadières, qui lui offre une somme assez rondelette s'il veut assassiner la comtesse.

Stupeur de Trialph!

Après quelques instants de réflexion, il

accepte la somme et va la jouer à Frascati.

Frascati! le jeu! les impures en décolleté de dentelles! le râteau infernal! les doigt maigres qui s'allongent en tremblant pour froisser les billets de banque! les visages pâles et froids sous la sueur! Encore un thème que Trialph se garde bien de laisser échapper, et sur lequel il brode les plus *voyantes* métaphores.

Trialph rencontre Ernest à Frascati.

— Ernest, veux-tu que je te joue ta femme Nanine?

— Farceur!

— Huit mille francs?

— Immoral!

— Seize mille?

— Diable!

Ernest se laisse tenter : il joue et il perd.

— Maintenant, ta maîtresse ? continue Trialph.

— Soit.

Ernest perd encore; il perd toujours.

Néanmoins, comme c'est un beau joueur, il conduit mélancoliquement Trialph sous le balcon de sa maîtresse; il lui montre l'échelle de corde préparée, la fenêtre mystérieusement entr'ouverte, et, étouffant un soupir, il lui dit : Va !

— Bah ! exclame Trialph ; mais c'est chez la comtesse de Liadières?

— Sans doute.

— Madame de Liadières serait ta maîtresse?

— Depuis six mois.

— Anathème !

Trialph bondit sur Ernest, et le jette, sanglant, sur le pavé.

Après quoi, il escalade le balcon.

. . . .

« Le comte parut.

» Il était tête nue, et croisait ses deux bras sur sa poitrine.

— » Avez-vous fini?

— » Oui, répondis-je en montrant la comtesse étendue sur le parquet.

» Le vieillard prit un flambeau et se hâta d'incendier les rideaux et les toiles de la chambre adultère. »

Deux heures après, une berline roule vers l'Océan.

Elle emporte Trialph au suicide.

Il a tué Ernest, il a tué madame de Liadières, il a tué Nanine — en lui chatouillant la plante des pieds ; il va se tuer à son tour.

Sur la plage, Trialph coudoie un comédien à qui il remet ses mémoires ou plutôt ce qu'il appelle ses *Roueries* :

« Nous nous complimentâmes longtemps sur le port en face de l'eau.

» Il m'a quitté enfin, l'*égoïste !*

» A la mer, à la mer, le Trialph ! »

FIN.

Voilà ce livre tout entier, — une des expressions les plus fidèles de l'orgie romancière. J'ai disséqué celui-là, afin d'être dispensé de disséquer les autres, — car il y en a d'autres. Il y a le *Champavert*, de Petrus Borel ; il y a les premières frénésies de Jules Lacroix. Il y en a de pires encore, auprès desquels les productions clandestines du Directoire ne sont que des berquinades. — Rappelons souvent cela, afin d'*innocenter* les nouveaux venus de la littérature, dont les quelques écarts ont pu être incriminés par des ermites de la critique, dont la robe de bure ne cachait pas assez la queue frétillante des diables de 1833.

Lassailly valait mieux que son livre, ce qui ne veut pas dire que son livre ne vaille absolument rien. Vous y aurez remarqué, comme moi, des formules attrayantes et nouvelles, d'heureuses témérités, un certain esprit qui, loin de courir les rues, marche sur la crête des toits.

Ce qu'on ne trouve pas dans les *Roueries de Trialph*, ce sont des *roueries*, — et je m'explique difficilement un pareil titre, à moins que le roman lui-même ne soit d'un bout à l'autre une mystification, ce qui pourrait bien être, mais ce que j'hésite à croire: — Lassailly n'était pas si gouailleur.

Abrégeons.

Il y a la beauté du diable, qui est simplement la jeunesse et la fraîcheur. Ne peut-on pas dire aussi qu'il y a la littérature du diable?

La littérature du diable, — c'est le délire, c'est l'emportement, c'est l'abandon, c'est l'incohérence, c'est tout ce qu'il ne faut pas.

C'est tout ce qui plaît, sans avoir raison de plaire.

Lassailly appartenait, par ses premières feuilles noircies, à cette littérature maudite et chiffonnée, qui semble avoir fait un pacte avec la Mort [1].

1. Voici les titres de quelques nouvelles publiées par Lassailly dans le feuilleton du *Siècle* :

Le Dernier des Pétrarque.

Les Gouttes de digitale.

Grégorio Banchi.

Un Secrétaire du XVIIIe siècle, ou le Griffon de la vicomtesse de Solanges.

La Trahison d'une fleur.

Chercher dans la collection du *Monde illustré* un article de M. Hippolyte Lucas sur Lassailly.

Alfred de Musset avait composé ces vers sur l'air du *Menuet d'Exaudet* :

Lassailly
A failli
Faire un livre.
Il n'a tenu qu'à Renduel
Que cet homme immortel
Pût vivre! etc., etc.

JEAN JOURNET

Écrit dans l'été de 1849.

Nous avons été voir à Bicêtre, — où l'on vient de le renfermer depuis deux semaines, — un pauvre brave homme, connu dans le monde des littérateurs et des peintres sous le nom de l'*apôtre Jean Journet*. On l'a affublé du costume des fous, nous ne savons trop pourquoi, bien qu'il ait tenté de nous l'expliquer lui-même avec une grande douceur et un parfait sérieux. Il paraît qu'un soir de représentation, à la Comédie-Française, il s'est avisé de répandre dans la salle, du haut du paradis, quelques-unes de ses pièces de vers. Là gît son crime, c'est-à-dire sa folie. — Nous

nous rappelons cette aventure. — Ce soir-là, comme nous allions entrer dans le théâtre de la rue Richelieu, nous aperçûmes Jean Journet, qui était adossé, méditatif et sombre, contre un des piliers du péristyle. Il ne s'éclaircit pas à notre aspect. Il nous entretint de la misère et de la vanité des temps actuels, il nous raconta comment tout allait de mal en pis et pourquoi on *l'empêchait de parler dans les clubs;* c'était là surtout son grave et douloureux grief. Ne pouvoir parler ni en prose ni en vers, lui l'apôtre et le poëte! Aussi désespérait-il ingénument des clubs et de leur influence. Son discours, qui fut assez bref et empreint d'une visible préoccupation, se termina par ces paroles mémorables : « — Allez à vos plaisirs! » On jouait la *Camaraderie* de M. Scribe.

Une fois *à mes plaisirs*, comme il disait, je me mis peu à peu à l'oublier. Au bout d'un quart d'heure, j'étais tout entier à la grâce spirituelle et bonne de mademoiselle Denain, au jeu mignard de mademoiselle Anaïs. La première avait une robe en soie blanche, unie, qui lui allait bien de partout et où elle était emprisonnée comme l'eau dans une carafe.

Ces deux dames faisaient esprit de tout, de leurs yeux, de leur bouche, de leurs mains blanchettes et longuettes. — Le quatrième acte allait son train, lorsque tout à coup, v'lan! une pluie de papiers inonde les spectateurs du parterre, de l'orchestre et des galeries. On lève la tête : c'était Jean Journet qui distribuait la manne divine; et comme il voyait que chacun s'empressait pour y atteindre :

—Patience, disait-il; il y en aura pour tout le monde!

Et il recommençait à jeter de droite et de gauche ses odes, ses hymnes, ses chansons, ses élégies, ses cantates, qui dansaient, se balançaient et tournoyaient en rasant le lustre, comme des papillons blancs autour d'une bougie. Pourtant, au milieu de son opération, voilà que Jean se sent atteint d'un remords; il s'arrête, il se tourne vers la scène, il demande pardon humblement à mademoiselle Denain et à mademoiselle Anaïs, il les prie à mains jointes de l'excuser. Mais sa mission, dit-il, est impérieuse, il faut qu'il la remplisse; et, pour cela, il demande la parole *pour cinq minutes*. — Cinq minutes! c'était bien peu de chose. Néanmoins, le public, qui avait eu le temps de s'apercevoir qu'il avait affaire à un apôtre et à un prédicant, refusa les cinq minutes demandées.

— Ramenez-moi à la *Camaraderie!* dit le public, du ton que dut prendre ce poëte d'autrefois lorsqu'il répondit : *Ramenez-moi aux carrières!*

Puis arriva la garde, qui emmena Jean Journet. Quelques jours après, il était à Bicêtre.

Si notre mémoire est en état, voici la deuxième fois que l'on fait accomplir un si funeste voyage à cette honnête personne, qui n'a que le tort de pousser au bien par des moyens excentriques et d'être un croyant exalté au milieu de nos tièdes croyants. Il croit à quelque chose, lui, à une chose extravagante, poétique, décriée, sublime, au *Phalanstère!* Mais enfin il croit à quelque chose. — Or, Faust, qui croit au diable, je l'estime mieux que don Juan, qui ne croit à rien. — Nous disions donc que Jean Journet avait déjà été mis en 1841 à Bicêtre, et que c'est suffisant, à tout prendre. Selon nous, il n'y avait pas lieu à recommencer, et le désastre ne serait pas considérable quand on laisserait de temps en temps ce malicieux apôtre intervenir au milieu d'une tragédie, comme un terre-neuve dans un jeu de siam. — Tenez, on jouait dimanche *Abufar;* eh bien! franchement, nous avons regretté Journet.

On veut le guérir, nous le voyons bien. Et quand il sera guéri, c'est-à-dire quand on lui aura ôté sa poésie, éteint son regard, glacé son âme, alors seulement ce sera un homme pareil aux autres hommes. Ce jour-là, Jean Journet aura le droit de dire : Je suis raisonnable ! Il pourra, comme tous les gens qui sont raisonnables, aller manger un melon à Romainville avec ses voisins, qui ne dédaigneront plus sa compagnie. Il ira voir des pièces de théâtre et trouvera que ce *Levassor est impayable.* Le monde pourra chanceler sur sa base; Jean Journet, devenu raisonnable, dira : Qu'est-ce que cela me fait? Il mariera sa charmante petite fille à un avocat ou à un papetier, quelqu'un de raisonnable aussi. Et Jean Journet sera bien heureux, il n'aura plus de rêves de triomphe, il n'ira plus chanter dans les banquets, il fera des cornets avec ses vieux refrains; il dira, au dessert, des plaisanteries contre les prêtres ; Jean Journet aura froid au cœur, froid à la tête, froid partout, mais il sera *raisonnable!* — Ah! ne guérissez jamais Jean Journet!

Pendant les batailles de juin, je l'ai vu qui prêchait l'harmonie et l'union, par un soupirail de l'Abbaye, où on l'avait incarcéré par mégarde. Il rappelait à s'y méprendre le juge des *Plaideurs*. Mais ne rions pas; c'était une belle parole que celle de Jean Journet, c'était surtout une parole respectable. Sa physionomie s'éclairait comme un ciel à mesure qu'il discourait, sa voix était sonore, son geste déracinait l'incrédulité chez les plus endurcis. Par exemple, il ne faisait pas bon se mettre en travers de ses utopies. Jean Journet voulait qu'autour de lui tout le monde fût de son avis, ou du moins eût l'air d'en être. — Conduit un jour chez Théophile Gautier, il faillit le battre, parce que l'auteur de *Fortunio* s'était pris avec lui de savante et obstinée discussion. — Ses emportements rappelaient ceux des prophètes. Comme cet acteur dont le nom m'échappe, il aurait été capable de soulever des statues dans le paroxysme de sa foi. S'il n'avait pas la prudence des serpents, cet apôtre, en revanche, possédait la force des lions!

Quand nous étions réunis, le soir, trois ou quatre autour d'un pot de bière, il n'était pas rare de voir entrer brusquement Jean Journet, avec son austère caban, son fin et noir regard, sa démarche solennelle. Il serrait la main à tout le monde. — *Bonsoir, apôtre*, disions-nous avec un sourire qui n'avait rien de moqueur ni cependant rien de convaincu. Quelquefois, il y avait deux mois, trois mois que nous ne l'avions vu. Alors, tout en bourrant sa pipe avec un soin terrestre, il nous racontait son dernier voyage. Tantôt c'était de Lyon qu'il arrivait, tantôt de Montpellier, de plus loin encore; il avait fait la route à pied, comme toujours, car c'était là un apôtre dans la sincère acception du terme. Partout, sur son passage, il avait semé la parole du maître, — le maître Fourier d'abord, et puis le maître Jean Journet ensuite. — Il avait déclamé ses plus belles strophes aux paysans, et une fois déclamées, il les leur avait vendues, et une fois vendues, il leur en avait donné d'autres. Les paysans écoutaient des deux oreilles et prenaient des deux mains, tant cet homme, en proie à ses innocentes extases, avait un beau visage et un beau langage!

Il se trouvait à Bruxelles, une fois. A Bruxelles, Jean Journet se met en tête de pénétrer dans le parc royal et d'avoir un entretien avec Sa Majesté Léopold. Il veut voir en face un front couronné et lui parler des misères sociales. Il entre.—*Qui vive?* lui crie-t-on. — Apôtre, répondit-il. Et il passe. Mais, parvenu dans l'antichambre, il est arrêté par des secrétaires qui le questionnent et se mettent à le turlupiner. C'est un fou, dit-on; et ce mot circulant de bouche en bouche, on renvoie Jean Journet, on le chasse. Le triste et fier poëte, qui avait fait un voyage inutile, passa la nuit devant les grilles du jardin; au réveil, il avait composé une de ses meilleures pièces de vers, *le Fou*, la plus navrante que nous connaissions de lui :

Au pied de ce palais où son destin l'appelle,
Voyez, tout près du parc, loin de la sentinelle,
　　Voyez ce mendiant...
Lorsque l'aube paraît, quand le soleil se couche,
De mots mystérieux que Dieu met dans sa bouche,
　　Il poursuit le passant.

Voilà où nous en sommes arrivés. De cette qualité si rare et si admirable, — l'enthousiasme! — nous avons fait une folie. Folie, l'air inspiré, la voix sonore, le geste puissant! Un homme qui tressaille sous sa croyance, marchant vers un but fixe, la tête haute, l'œil ouvert, — autrefois c'était un original, aujourd'hui c'est un fou. On le met à Bicêtre. A Bicêtre, l'intelligence bruyante, l'honnêteté active, la poésie en action! Cela fait trembler quand on y réfléchit.

Disons vite que ce second séjour de Jean Journet à Bicêtre n'a été que de trois semaines. Aujourd'hui l'*Apôtre* n'est plus; il est mort en 1863, un peu plus calme, un peu plus triste.

Il existe un excellent portrait de Jean Journet, par Courbet (salon de 1851), et une fort curieuse notice de M. Champfleury, dans son livre des *Excentriques*.

ÉDOUARD OURLIAC

A la tête des romanciers de deuxième ordre qui abondent dans notre époque, il faudra placer Édouard Ourliac. Cette opinion nous est suscitée par la lecture que nous venons de faire de son œuvre, éparse dans les revues, dans les livres ornés d'estampes et dans les journaux quotidiens. Édouard Ourliac, bien qu'il n'ait vécu que trente-cinq ans, a considérablement écrit; et rien dans l'ensemble de ses travaux ne trahit ce que nous appelons aujourd'hui les concessions au métier. Le *métier*, nous devons le proclamer à la louange de quelques hommes, n'a d'ailleurs point été pratiqué dans la première période du mouvement romantique : il est presque uniquement le produit du roman-feuilleton. Sans appartenir précisément à la légion des écrivains qui ont violemment guéri la littérature de ses pâles couleurs, Édouard Ourliac a dû cependant à la fréquentation de plusieurs d'entre eux le souci de la conscience et de la dignité dans le travail. Il n'a jamais porté de défi à ses propres forces, et, dans l'exercice des lettres, il n'a pas vu autre chose que la satisfaction de ses instincts les plus chers.

La place qu'Édouard Ourliac occupa au milieu de ses contemporains fut, sinon une des plus éclatantes, du moins une des plus distinguées et, graduellement, une des plus solides. Sur la fin de sa courte existence, il avait fini par obtenir ce respect et cette autorité littéraires qui n'arrivent habituellement qu'après de longues années et à la suite d'œuvres importantes. Le sérieux, le *pensé* de ses dernières compositions faisaient concevoir des espérances qu'il n'eût certainement pas trompées, si Dieu ne lui avait mesuré le temps d'une façon si parcimonieuse.

Mais Édouard Ourliac n'est pas de ceux à qui la justice doive arriver par la compassion. Son nom se passerait aisément de l'auréole funèbre ; nos lecteurs en conviendront, après que nous leur aurons fait traverser la galerie de ses ouvrages.

Auparavant, nous demandons la permission de placer quelques détails biographiques, qui expliqueront les différentes phases de son talent. Même si nous appuyons sur ce côté de notre étude, si nous développons avec une complaisance trop sympathique les espiègleries, les efforts, les tristesses, et finalement les tortures de cette existence diversement éprouvée, il ne faudra y voir que le désir de présenter, à propos d'un seul homme, un côté du grand tableau de la vie littéraire pendant une période de ce siècle.

Édouard Ourliac naquit le 31 juillet 1813, dans une ville du Midi, à Carcassonne, croyons-nous. Ses parents, demi-artisans, demi-bourgeois, firent des sacrifices pour son éducation, et l'envoyèrent d'abord chez les Lazaristes de Montdidier. Ce commencement d'éducation religieuse demeura toujours l'impression dominante de son enfance ; et quoique plus tard il ait accepté toutes les railleries philosophiques et trempé dans presque toutes les folies du monde, c'est en grande partie à la puissance de cette impression qu'on doit attribuer son retour à l'autorité ecclésiastique. Il resta chez les Lazaristes jusqu'à sa première communion, époque à laquelle son père et sa mère vinrent habiter Paris. Là, on l'envoya au collége Louis-le-Grand, rue Saint-Jacques, où il se fit remar-par son aptitude pour les lettres. Nous tenons de ses condisciples de merveilleux récits sur sa facilité à composer, principalement des vers français. Ce n'est cependant pas comme poëte qu'il devait compter, mais enfin il est reconnu depuis longtemps que toutes les natures littéraires se laissent prendre plus ou moins dès l'aurore à cette musique peinte ; pour elles, en effet, c'est ce qu'il y a de plus séduisant et de plus facile ; de plus séduisant, puisque les grandes renommées se rattachent à ce mot magique de poésie ; de plus facile, parce qu'on y trouve plus qu'ailleurs des sentiments notés, des enthousiasmes prévus, une grammaire bienveillante et offrant des lisières aux bras débiles. Au jeune âge, la grande prose, *la belle prose*, comme disait Buffon, effraye avec ses exigences de faits et de pensées, on ne l'aborde qu'en tremblant et avec embarras; ou bien on élude la difficulté, on fait ce que l'on appelle de la prose poétique, c'est-à-dire quelque chose d'indécis, de puéril, et qui rappelle le *Joseph* de Bitaubé.

Le poëte Ourliac ne resta pas longtemps au collége; il entra dans l'administration des hospices. J'ignore si ce fut un bon employé, mais j'en doute, à cause des relations littéraires qu'il noua immédiatement. Son premier protecteur fut M. Touchard-Lafosse, un homme qu'on a vite oublié, un compilateur, un romancier qui cherchait des *veines*, un entrepreneur de *Mémoires;* sous son inspiration directe, il écrivit deux romans, qu'il orna de titres frénétiques, comme c'était alors la mode dans l'école de M. Touchard-Lafosse, de M. le baron de Lamothe-Langon et de M. Horace de Saint-Aubin. Le premier de ces romans était *l'Archevêque et la Protestante*, le second *Jeanne la Noire;* ils furent publiés à un an de distance, en 1832 et en 1833. Nous venons de les relire sans trop d'ennui; il est certain que cela ne vaut pas grand'chose, mais il y a des promesses, une gaieté un peu grosse qui dérive de Scarron et un penchant déjà très-accusé pour les scènes d'hôtellerie. Dans *Jeanne la Noire* surtout, Ourliac avoue nettement ses préférences; elles ne portent ni sur Shakespeare ni sur Dante, non plus que sur lord Byron, par qui cependant les esprits étaient fort remués; ses auteurs préférés, et il en parle le front haut, c'est Le Sage, c'est Walter Scott, c'est madame Cottin elle-même, « qui, dit-il, avec une seule passion du cœur, développée et admirablement décrite, a fait des chefs-d'œuvre. » Il dévoile naïvement ses sympathies pour les épisodes de la Nonne sanglante dans le *Moine* de Lewis, du Curieux impertinent dans Cervantes, de la Lodoïska de Louvet de Couvray, et surtout, — surtout ! — les *admirables histoires de don Raphaël et de Scipion* dans *Gil Blas*. Nous retrouverons fréquemment cette admiration pour Le Sage. Mais ce qu'il y a de plus caractéristique dans cette sorte de déclaration de principes, par laquelle il termine le troisième volume de *Jeanne la Noire*, c'est l'hommage qu'il rend à Boileau, à ce même Boileau que l'école nouvelle avait transformé en bouc émissaire : « Nous sommes heureux, dit-il, de pouvoir conclure par une classique citation du judicieux Boileau, qu'il ne faut point trop haïr parce qu'il a dénigré le Tasse et Molière : c'est en romans surtout que

> Le secret est d'abord de plaire et de toucher :
> Inventez des ressorts qui puissent m'attacher. »

Édouard Ourliac indiquait franchement ainsi son point de départ. Je sais bien que l'exécution ne répondit pas d'abord à la promesse; mais n'importe, il y a un acte de bonne volonté dont il faut lui tenir compte, en considérant qu'il n'avait pas vingt ans lorsqu'il écrivait ces deux ouvrages, aujourd'hui complétement oubliés, et dont il était le premier à rougir plus tard [1].

Sa jeunesse fut gaie, où du moins elle revêtit toutes les apparences de la gaieté.

On cite de lui vingt traits. C'est Édouard Ourliac qui, après les trois journées de juillet 1830, avait imaginé de se rendre sous les fenêtres du palais des Tuileries, un drapeau

1. *L'Archevêque et la Protestante* et *Jeanne la Noire* parurent chez Lachapelle, un éditeur étrange, qui payait ses romanciers (quand il les payait) par les plus extravagants moyens, avec des sacs de sable ou des charrettes de pavés, par exemple. Lorsqu'on l'avait bien pressé, il finissait par vous indiquer un acheteur, lequel ne manquait jamais d'habiter 'impossibles b anlieues.

tricolore à la main, et suivi d'une bande de gamins recrutés sur son passage ; là, il appelait à grands cris le roi Louis-Philippe, et lorsque Louis-Philippe paraissait au balcon, Ourliac le priait de chanter la *Marseillaise.* Le roi, que de récentes ovations populaires avaient rendu l'esclave de ses moindres sujets, accédait avec un gracieux sourire à l'invitation du jeune porte-drapeau ; et, la main sur son cœur, les yeux au ciel, dans une pose que la peinture officielle a immortalisée, il répétait le chant de son adolescence, dont Ourliac et les siens entonnaient le refrain en chœur. Cela dégénéra tellement en *scie*, que le monarque-citoyen finit par s'en apercevoir ; au risque de s'aliéner le cœur de ses sujets, il consigna à la porte du palais Édouard Ourliac et sa cohorte.

En ce temps-là, un petit journal florissait à l'ombre du souvenir de Beaumarchais ; c'était le *Figaro*, qui a passé aux mains d'un grand nombre d'hommes d'esprit, et qui, en politique, a successivement brillé de toutes les couleurs de l'arc-en-ciel. Ourliac trouva place dans ce petit journal : il y connut Balzac, qui se faisait alors la main ; Alphonse Karr, qui appelait à l'aide de son talent toutes les originalités pratiques; Paul de Kock, Alexandre Dumas, Scribe, — mélange, confusion, bruit, renommée. Au *Figaro*, on se délassait un peu de la contrainte romantique; on n'était plus cosmopolite, on était Français; Dante et Shakespeare étaient oubliés un moment; on riait, et ce rire semblait être renouvelé des *Actes des Apôtres*, monument de l'esprit de la Révolution. Non pas que je conseille à personne de relire la collection du *Figaro* (d'abord on ne la trouverait pas aisément); ce rire a été usé, cet esprit a été dépassé; en pareil cas, il vaut mieux se souvenir que relire. Édouard Ourliac fit merveille dans ce recueil; il se débarrassa de ce que les leçons de M. Touchard-Lafosse avaient de trop vulgaire; il fut *lui* pour la première fois, c'est-à-dire que sa verve de la rue passa entière dans le journal [1]. Ce travail de chaque jour acheva de le rompre tout à fait au métier littéraire. A ce point de vue, l'apprentissage par le petit journal, tant décrié, a des côtés réellement profitables.

1. M. Alphonse Karr s'est plusieurs fois souvenu des traits et des mots d'Édouard Ourliac. On lit fréquemment dans les *Guêpes* : « *E. O. disait...* »

« La première fois que j'ai rencontré Ourliac, — a écrit M. Arsène Houssaye, — c'était durant le carnaval de 1835, au bal de l'Opéra-Comique. On faisait cercle pour le voir danser. Il avait imaginé de représenter en dansant Napoléon à toutes les périodes suprêmes de sa vie : aux Pyramides, à Waterloo, à Sainte-Hélène. Il menait en laisse une femme qui ressemblait à un mélancolique pastel de Landberg, une de ces femmes qui vivent le plus honnêtement possible en deçà du mariage et hors du célibat. Nous fûmes du même souper; je m'aperçus que sous le danseur il y avait un poëte... Il avait écrit deux romans de pacotille. C'était son désespoir. Il ne savait comment racheter ses premiers péchés littéraires. Il vivait avec son père et sa mère, rue Saint-Roch. Il habitait une petite chambre bleue, si j'ai bonne mémoire, tapissée de quelques pastiches de Watteau et de Boucher; sa bibliothèque renfermait presque autant de pipes que d'in-octavo. On ne l'y voyait que le soir ou le dimanche, car il était attelé à un petit emploi de douze cents francs aux Enfants-Trouvés. Il avait beaucoup de camarades et *peu d'amis*. C'était dans notre poétique bohème de l'impasse du Doyenné que nous vivions en familiarité avec ce charmant esprit. Ourliac venait tous les matins nous voir dans ce royaume de la fantaisie. C'était son chemin pour aller aux Enfants-Trouvés... Nous n'avions pas d'argent, mais nous vivions en grands seigneurs ; nous donnions la comédie ; ces dames de l'Opéra soupaient chez nous, vaille que vaille, et daignaient danser pour nous à la fortune de leurs souliers. Édouard Ourliac surtout donnait la comédie. C'était le Molière de la bande. Il était auteur et acteur avec la même verve et la même gaieté. A une de nos fêtes ces dames le noyèrent, à plusieurs reprises, dans une avalanche de bouquets. »

La vérité est qu'avec la vive tournure de son esprit et de son corps il excellait surtout dans la représentation des arlequins. Ce n'était pas que de plus sérieuses tentatives ne se fissent jour à travers ces folies : on a le souvenir d'une tragédie en un acte et en vers, composée par Édouard Ourliac pour le théâtre intime de la rue du Doyenné; cette tragédie, restée inédite, avait devancé et deviné le *Ruy Blas* de Victor Hugo, car elle mettait en scène la passion d'un domestique pour une grande dame.

Malgré les bals et les femmes menées en laisse, Édouard Ourliac n'a pas laissé la mémoire d'un don Juan littéraire. Ses amours un peu vagabondes peuvent se résumer en cinq ou six aventures, dont quelques-unes avec des actrices des petits théâtres. Est-ce chez une de ces actrices qu'il aura rencontré le type séduisant de *Suzanne?* J'avoue que j'en doute; je préfère supposer que l'une d'elles a posé devant lui, comme posent devant l'artiste ces créatures banales transformées à leur insu en Mignon ou en Sapho. Le *modèle* est indispensable à l'écrivain comme au peintre; tantôt c'est la femme qu'on désire, tantôt la femme qu'on regrette; d'autres fois c'est un vice mystérieux et caressé que l'on extrait du fond de son cœur pour en doter publiquement le héros de son livre. Molière, l'abbé Prévost, Beaumarchais n'ont pas fait autrement. Et Balzac donc! vous le meniez dans votre famille, parmi vos frères, vos sœurs, votre père, votre mère, vos oncles et vos tantes; Balzac n'avait l'air de rien, il riait, causait et faisait la partie au coin du feu; seulement, au bout de trois jours, il vous racontait l'histoire de votre famille entière, sans vous faire grâce d'un cousin. Il avait pris ses *notes;* en d'autres termes, tous ces gens-là avaient été autant de modèles pour lui.

Je ne sais comment Édouard Ourliac se trouva amené à écrire dans le *Journal des Enfants*. Toutefois est-il qu'il en devint bientôt un des collaborateurs les plus assidus et les plus aimés. Une ou deux parades qu'il avait écrites sans y prendre garde eurent un succès inespéré; on lui en demanda d'autres; et une véritable vogue s'attacha dès lors à ces petites compositions scéniques.

L'une d'elles, *la Première Tragédie de Gœthe*, contient un prologue en vers débité par le seigneur Croquignole :

> Permettez-moi, Messieurs, en mouchant mes chandelles,
> De causer un instant de ce qu'on joue ici;
> Ce ne sont, il est vrai, que farces, bagatelles,
> Mais si l'on est content, je le suis fort aussi.
> Ma foi! vive la joie et les parades folles
> Où le héros survient, la perruque à l'envers,
> Un bras gris, l'autre bleu, le chapeau de travers,
> Et débute, s'il veut, par quelques cabrioles.
> Ma catastrophe, à moi, c'est un coup de bâton;
> Mon poignard, Arlequin le porte à sa ceinture;
> Nos sabres sont de bois, nos noirceurs en peinture,
> Et si le dénoûment nous touche d'aventure,
> C'est qu'on doit immoler un pâté de carton.

Voilà son programme tout entier. On aime à découvrir ce coin de naïveté inattendu chez un auteur déjà aguerri aux malices du *Figaro*, cet amour des enfants chez un journaliste accoutumé à tirer profit des passions des hommes. Mais qu'on ne s'abuse pas cependant : le théâtre d'Édouard Ourliac procède moins de Berquin que de Gherardi; la tradition qu'il suit est celle des Janot, des Grippe-Soleil, des Funambules, du tréteau. Il ne danse pas, il gambade; il ne mange pas, il s'empiffre; il ne rit pas, il tombe en épilepsie. Mais comme après tout il ne cherche pas à dissimuler son pastiche, qu'au contraire il l'étale franchement, on le lit sans prévention, et on se laisse volontiers prendre au rire qu'il veut exciter. Parmi les pièces de ce spectacle dans une chaise, *l'Hôpital des fous* est basé sur une idée fort plaisante. La scène se passe dans la cour d'un établissement d'aliénés ; un poëte pensionnaire du lieu entre avec quatre de ses camarades :

« Le poëte. — Ma foi, messieurs, vous me voyez fort embarrassé. J'ai composé pour ce soir un grand ouvrage de théâtre (car vous savez que c'est mon métier), et je n'en connais pas encore le sujet. Mon drame, s'il vous plaît, doit être précisément ce qui va se passer aujourd'hui ici-même ; belle pièce, je vous jure, et où l'on verra s'agiter toutes les passions qui gouvernent la destinée humaine. Nous y jouerons tous notre rôle. On nous recommande de peindre les hommes ; mais que diable ! nous sommes des hommes. Au lieu d'une copie de la nature, nous donnons l'original. Çà, l'heure approche, le théâtre est tout prêt. On entrera par cette porte, on sortira par cette autre. Je vous prie aussi de considérer comme nos décors sont bien peints, que ces arbres sont de vrais arbres, et que cette cour est une cour véritable. Je suis fort curieux de connaître mon œuvre, et si le héros est laid, et si l'héroïne chante bien, si cela est sérieux, si cela est comique. Il serait temps de commencer. Mais je ne vois point arriver d'acteurs. »

Le poëte se dépite pendant quelque temps ; enfin, il aperçoit un homme qui escalade le mur de l'hospice et saute dans la cour.

« LE POËTE. — N'en doutez plus, la scène s'ouvre. C'est le héros du poëme. Allons, la musique ! ferme, tenez bon, soufflez fort.

PASCARIEL. — Ouf ! peste soit des gens qui m'ont valu ce saut ! Je cours après mon maître comme il court après la raison, et je perdrai mes jambes comme il a perdu son esprit. Je vais m'informer à ces gens que voilà. — *Au poëte* : Monsieur, je cherche ici mon maître.

LE POËTE. — Je le sais, vous entrez par la gauche du théâtre ; c'est fort bien, je l'avais pensé ainsi. Mais que m'allez-vous dire à cette heure ? Qui vous attriste ou vous égaye ? Êtes-vous le messager funèbre de la fatalité ou le héraut bouffon d'une trame burlesque ? Venez-vous nouer une action tragique ou n'êtes-vous qu'un valet de comédie ? Allez-vous rire ou pleurer, donner des coups de poignard ou recevoir des coups de bâton ?

PASCARIEL. — Mon ami, vous tenez vous-même sur la nuque un assez joli coup de marteau, et je donnais dans une fière bourde. Je ne suis point un valet de comédie, entendez-vous, et si je vous donne à pleurer, je vous jure en tout cas que vous me faites rire.

LE POËTE. — Parlez plus gravement, et exposez-moi votre conte.

PASCARIEL. — Je ne demande pas mieux, soyez donc raisonnable.

LE POËTE. — Soyez vous-même plus réservé ; le ton doux, la voix claire, le geste mesuré, allez.

Pascariel. — Eh bien ! oui, soit, je veux bien.

Le poëte. — Vous entrez par là ?

Pascariel. — Sans doute, j'entre par là, et je vais vous dire pourquoi. Mon maître a perdu ces jours-ci sa raison au jeu. J'entends qu'il a perdu sa raison, parce qu'il a perdu son argent. L'esprit lui a tourné.

Le poëte. — C'est grand dommage, et vous m'intéressez au dernier point. Continuez.

Pascariel. — On a conduit mon maître dans cette maison. Sa famille est désolée. J'apporte ici une lettre de son oncle, pour qu'on ait à le bien soigner. Or, je voulais le voir par la même occasion, car je l'aime tendrement ; on a eu la barbarie de s'y opposer ; les guichetiers m'ont barré le passage. Heureusement, je suis garçon avisé autant que fidèle, j'ai du cœur et de l'esprit : je vous ai planté une grande échelle au pied de ce mur, et me voici en deux sauts.

Le poëte. — A merveille ! L'histoire paraît vraisemblable et s'expose naturellement. Tout me fait supposer un dénoûment heureux.

Pascariel. — Indiquez-moi d'abord où je trouverai mon maître, si vous le connaissez. C'est un grand brun, bien fait, l'œil bleu, le nez de travers et une verrue sur la joue.

Le poëte. — Soignez votre style surtout. Ne vous intimidez pas. Bonjour. (*Il sort.*) »

Cela, comme nous l'avons dit il y a quelques lignes plus haut, n'est pas en effet dans la manière du Bordelais Berquin, mais cela n'en vaut pas moins sous le rapport littéraire.

A la même époque, nous assure-t-on, Ourliac, que le démon des vers n'avait pas encore abandonné, insérait des fragments poétiques dans les recueils de madame Janet, la providence des poëtes d'alors (les poëtes d'à présent n'ont plus de providence). On veut aussi qu'il ait passé dans le feuilleton du *Constitutionnel*, mais pour s'y moquer des propriétaires et des lecteurs. De ce moment, et par suite de cette multiplicité de travaux, il commença à compter dans les rangs littéraires; aussi croyons-nous devoir placer là une esquisse de sa personne.

C'était un petit homme; il avait le teint un peu bilieux; le sang-froid et le petillement se succédaient sans transition sur sa physionomie, incontestablement marquée du sceau de l'intelligence [1]. A le voir, à l'écouter surtout, on aurait dit un neveu de Voltaire. C'était bien là le journaliste endiablé, l'homme du coup de griffe; c'était bien là l'esprit parisien dans sa personnification la plus téméraire,

1. Nous ne connaissons pas de portrait d'Édouard Ourliac. Seulement, dans une série de trois planches intitulée: *Grande course au clocher académique*, Grandville l'a représenté derrière Balzac.

tantôt habillant l'insolence d'un vêtement de gravité, tantôt faisant traîner à la raison toutes les fanfreluches et toutes les casseroles de la Courtille. M. Arsène Houssaye a dit vrai : Ourliac avait beaucoup de camarades et peu d'amis. La faute en était à son caractère trop exclusivement et surtout trop brillamment tourné vers la goguenardise. Il était le feu, l'entrain d'un repas d'hommes de lettres; il en était aussi l'inquiétude. Il tirait ses pétards dans les jambes de tout le monde, ou bien, comme Musson le mystificateur, il choisissait une victime, et dès qu'il l'avait choisie, il ne la lâchait plus. Il était acerbe, quoique turbulent, et certains de ses bons mots produisaient une sensation de froid, comparable à celle d'un acier entamant l'épiderme. L'étude des parades lui avait donné un goût réel pour la cruauté dans le comique ; il ne parlait qu'avec délices des coups de bâton pleuvant dru sur l'échine, des côtes fracassées, des médecines amères, de la noyade et de la pendaison ; il se plaisait à faire frissonner son auditoire avec des détails chirurgicaux. Pour tout dire enfin, son esprit n'aimait qu'à travailler *sur le vif*. Aussi toutes ses plaisanteries n'avaient-elles pas le même succès; quelques-unes ressemblaient trop à ces bourrades que se donnent les paysans dans les fêtes de village, ou à ces espiègleries funèbres qui consistent à se revêtir d'un long drap blanc et à venir agiter des chaînes dans la chambre d'un ami qui dort. Lui-même en est convenu de bonne foi :

Je l'avoue, un soufflet qui se trompe de face,
Au fort de son courroux Cassandre qu'on fait choir,
Un coup de pied qu'on donne ou reçoit avec grâce,
Un grand plat de bouillie en un manteau bien noir;
Gille, en fouillant au pot, qui se brûle à la braise
Et qui lèche en hurlant ses doigts enfarinés;
Quand celui-ci s'assied, l'autre tirant la chaise,
Et les portes toujours se fermant sur les nez,
Sont divertissements qui me font pâmer d'aise [1].

Tout cela contribuait à le faire redouter de ses collègues, spirituels autant que lui peut-être, mais moins doués de spontanéité. Quoi qu'il en soit, de là au méchant homme qu'on a voulu faire d'Édouard Ourliac, il y a loin, très-loin. Son cœur était sain et bon. S'il n'a pas contracté d'amitiés dans les lettres, il a rencontré dans la vie privée et partagé de douces affections.

Dans un croquis très-littérairement tracé,

1. Prologue du *Seigneur Croquignole*.

MM. Edmond et Jules de Goncourt ont admis peut-être avec une facilité trop trompte certains renseignements sur les habitudes très-privées d'Ourliac; ils lui ont presque fait un crime du peu d'argent dont il pouvait disposer dans les parties de plaisir [1]. On peut répondre, à la décharge de ce pauvre garçon, qu'il ne possédait aucune espèce de patrimoine, et que la littérature telle qu'il la pratiquait pouvait suffire tout au plus aux exigences premières de la vie. Qu'il ait conçu quelque honte de sa pauvreté et qu'il l'ait exhalée en-

1. « Quand rompant sa chaine de famille, et parti tout un jour de la maison paternelle, Ourliac courait les cabarets autour de Paris avec une bande d'amis, des artistes et des écrivains de son âge, il lâchait toute bride à sa verve. Il improvisait des chansons burlesques :

> Le père de la demoiselle,
> Un monsieur fort bien.
> En culotte de peau,
> Qui voulait tout savoir!

» A ces petites fêtes sous la treille de banlieue, quand il s'agissait d'en payer l'écot, Ourliac n'avait jamais que quarante sous dans sa poche ; c'était le *nec plus ultra* de son appoint. » Autre part, MM. de Goncourt disent encore : « Au milieu des rires qui accueillaient ses saillies, il restait grave et blême, presque humilié d'une galerie, comme un Deburau sur une chaise curule; et, chose étonnante, de ce Pierrot dont il avait si bien la face, il avait aussi les mignons vices; il eût très-bien passé par les sept compartiments d'un dessin allemand des sept péchés capitaux, etc., etc. »

suite dans des romans, tels que *Collinet* et *Suzanne*, cela est tout naturel. Mais nous ne nous avancerons pas davantage sur ce terrain.

Pour donner à la fois une idée précise de son caractère et des tendances de sa littérature, à l'époque de sa collaboration au *Figaro*, nous allons prendre une composition publiée, en 1837, dans les livraisons de ce journal : *la Jeunesse du temps, ou le Temps de la jeunesse, parade bourgeoise.* Elle est peu connue, et elle est réjouissante. — M. Vidalot est un marchand de Saint-Quentin, un honnête drapier. Il attend son fils Joseph, qui doit revenir ce jour même de Paris, après quatre années passées dans l'étude du droit. Un inconnu de mauvaise mine se présente en déclinant le nom de Joséphin Widarlof. Il embrasse la bonne, il embrasse la cousine Canélia ; c'est lui, c'est l'enfant prodigue.

« Ah ! s'écrie-t-il, comme il est doux de revoir sa vieille maison, le clos, le verger où l'on a joué tout enfant, les volets verts, la vigne grimpante, la mare aux canards, le dindon qui glousse, et vous mon vénérable père, et vous ! O jardin paternel ! Tiens, il faudra que je fasse des vers là-dessus ; j'en ai de fameux dans ma malle, vous verrez ça.

LE PÈRE. — Ce sont là des occupations secondaires, mon fils, nous en parlerons à leur tour.

JOSÉPHIN. — O papa, qu'avez-vous dit? l'art, des occupations secondaires! toute la vie d'un homme! l'art, cette doublure de Dieu! ce culte, cette religion! Écoutez ceci :

Le premier château-fort qu'on rencontre quand on
Débouche par le plus joli bois du canton,
Est celui du seigneur de Couci, le beau sire...

Comment trouvez-vous ce début?

LE PÈRE. — Ça coule, ça coule bien. Tu as de la facilité. Mais parle-moi d'abord de tes études.

JOSÉPHIN. — Inutile. Je n'ai pas de diplôme. Injustice criante! Je n'ai pas été reçu. Il est vrai que je ne me suis pas présenté.

A ces paroles, la désolation du père commence. Joséphin ne fait qu'en rire. Il caresse sa barbe, il demande du feu pour allumer son cigare, il secoue ses manchettes et pirouette avec des façons débraillées.

« Palsambleu! ma jolie cousine, il est fâcheux que vous ne soyez pas une femme du bel-air avec le mantelet, les mules et les mouches, et mon père un vieux roué avec la bourse et l'épée; je me serais cru, au milieu de ces meubles du temps, en partie fine, dans une petite maison du faubourg Saint-Jacques.

LE PÈRE. — Mon fils, tu m'assassines! Et tes inscriptions payées chaque mois, et tes livres, et ta pension de douze cents francs, le revenu d'une famille !

JOSÉPHIN. — Et mes poésies ! mon roman ! Croyez-vous qu'il n'en coûte rien pour vendre ses livres au libraire ?

LE PÈRE. — Et l'argent de votre parrain ?

JOSÉPHIN. — Je m'en suis fait une redingote.

LE PÈRE. — Et mes étrennes ?

JOSÉPHIN. — J'en ai soulagé l'indigence... où je me trouvais.

LE PÈRE. — Seigneur du ciel ! il me manquait cela sur mes vieux jours. C'est fini, je n'ai plus de fils ; car je rougirais d'appeler ainsi un mauvais sujet, qui faisait mon orgueil et ma consolation. C'est ainsi que vous reconnaissez les sacrifices que j'ai faits pour vous ; je me privais des aliments les plus grossiers, et Monsieur dissipait mon avoir avec ces femmes légères, l'opprobre de leur sexe ! Vous avez fréquenté ces repaires où l'on commence par être dupe et où l'on finit par être fripon. Le chemin du vice est rapide ; de là à l'échafaud il n'y a qu'un pas. Grand Dieu ! un Vidalot sur l'échafaud ! Retirez-vous de ma présence, montez dans votre chambre jusqu'à nouvel ordre ; je vous chasse !

JOSÉPHIN, *tendant la main*. — Vous me donnerez ma pension ?

LE PÈRE. — Vous levez la main sur moi ! Frappez, frappez le sein de votre père ! frappez les entrailles qui vous ont porté, les mamelles qui vous ont allaité !

JOSÉPHIN. — Papa, calmez-vous, songez qu'il y a des dames.

LE PÈRE. — Cela m'est bien égal, je ne me connais plus. Ah ! vous m'injuriez ! Battre son père, vil passe-temps ! indigne d'un bon fils ! »

Ici la parodie est complète; elle dérive de *Robert Macaire*, cette pièce monstrueuse qui a exercé autant d'influence sur les mœurs du dix-neuvième siècle que le *Mariage de Figaro* sur celles du dix-huitième. La raillerie étourdie du jeune Ourliac ne s'arrête devant aucune sottise, pas même devant la sottise paternelle. Il se moque des cheveux blancs, quand ces cheveux sont ceux de Jocrisse. Tout principe, toute moralité s'envole devant sa téméraire épigramme. Il amuse, c'est vrai, mais à des conditions inacceptables; et plus tard, Édouard Ourliac devait être le premier à regretter tant de verve employée si mal à propos. La gouaillerie littéraire reprend le dessus. — « Demain, je vous ferai embarquer ! s'écrie le père ».

« JOSÉPHIN. — Embarquer ! ça va. Couleur maritime. Oh ! les heures de quart, par les belles nuits du tropique ! l'horizon bleu, le bercement des huniers, les mœurs tranchées, l'agile corvette qui file dix nœuds, les pays nouveaux, les brunes filles de Madras, de l'or, du grog et du tafia !

LE PÈRE. — Tu ne t'embarqueras pas; je te ferai mettre à la tour de Saint-Quentin.

JOSÉPHIN. — La tour ! Couleur moyen âge. Tête-Dieu ! messeigneurs les hauts barons n'ont pas tel fief dans leur apanage : quatre donjons avec mâchicoulis et barbacanes, haute et basse justice dans le canton, cent bonnes lances et trois cents gens de pied! Vous êtes insensé, maître, si vous croyez que cela me contrarie! Holà! Pasque-Dieu! varlets et manants, mon haubert, ma cuirasse et ma bonne lame de Tolède!

LE PÈRE. — Tu resteras ici, et dès demain tu tiendras la boutique.

JOSÉPHIN. — Oh! pour cela, impossible, papa! Couleur garde national, couleur épicier, couleur tricolore. Impossible! »

Aucune nuance, pas même la nuance politique, ne manque à ce petit tableau, où repassent tous les livres orgiaques d'alors, la *Salamandre*, le bibliophile Jacob, les romans intimes de Drouineau et la république du *National*. Édouard Ourliac s'attaque à toutes les actualités, à la colonne Vendôme, aux briquets phosphoriques, aux mythes, à la palingénésie, au parapluie, à tout ce qui est relief ou trait caractéristique. Il y a même un personnage mûr, Balloche, qui est imité de M. Prudhomme. De tous ces éléments, il résulte quelque chose de fort drôlatique, certes. Le mot éclate sous les pieds, la phrase cherche l'impossible dans le joyeux; le rire s'y déploie, exagéré et grimaçant, comme sur les masques antiques où la bouche déchire la joue. Mais, j'ai quelque regret à le dire, ce n'est pas du comique, dans le sens large et humain de ce mot; ce n'est pas même de la caricature, quoique cela y ressemble d'abord. C'est quelque chose à côté, un sous-genre qui apprête bien des supplices aux linguistes de l'avenir, une nouvelle langue d'argot spécialement empruntée aux mœurs artistiques, et comme qui dirait des balayures des ateliers de peinture et des cabinets littéraires. L'expression, recrutée dans le vagabondage des entretiens les plus intimes, s'y montre sous un déshabillé dissolu, comme ces courtisanes qui hasardent tout dans leur demi-costume. C'est la folie organisée en rhétorique et rencontrant, à travers ses écarts, d'incroyables bonnes fortunes de pensée et de forme. Un mot créé sous le dix-neuvième siècle, mais trop souvent détourné de sa vraie. signification, — la *blague*, — pourrait servir à qualifier certains aspects de cet idiome, si difficile à baptiser. L'auteur de la *Jeunesse du Temps* a, un des premiers, popularisé l'école de la *blague* à une époque où la bourgeoisie rebelle estimait qu'elle avait déjà bien assez à faire avec le romantisme sur les bras. En même temps qu'Ourliac, on remarquait dans ce sillon moqueur l'auteur des *Jeune-France*, Théophile Gautier, et ces deux vaudevillistes qui ont souvent approché de la comédie : MM. Duvert et Lauzanne. Le petit journal fit le reste ; et aujourd'hui, quoique cette école bâtarde ne nous semble réunir aucune condition de vitalité, partant de durée, ne l'en voilà pas moins installée et même fortifiée dans ses retranchements. Elle compte déjà des succès; on peut considérer comme deux de ses types les plus distinctifs, et comme deux exemples de ce qu'elle a fourni de détestable et de supérieur, la création de *Jérôme Paturot* et la série des *Scènes de la Bohême*. Tout ce que nous pourrions écrire pour et contre la *blague* se trouve contenu dans ces deux ouvrages, si différents et si pareils; nous n'irons pas chercher nos arguments ailleurs. Chez M. Reybaud, c'est la bourgeoisie qui se venge de la littérature; chez M. Mürger, c'est la littérature qui se venge de la littérature elle-même. Le but est commun dans l'un et l'autre livre, les moyens sont semblables aussi; mais combien leur mise en œuvre diffère, et quelle énorme distance sépare ce *Paturot* si lourd, si vulgaire, des *Scènes de la Bohême*, si vives, si folles et si brillantes dans leur immoralité !

Revenons au proverbe d'Édouard Ourliac, pour en dire la conclusion. Chassé par son père, Joséphin lui écrit une lettre :

« Je ne puis vivre éloigné de vous, mon père ; il ne me reste plus un liard. D'ailleurs, j'ai tout vu, tout usé, tout approfondi. Je suis las de la terre où l'on se crotte, des hommes à qui l'on doit de l'argent, des libraires qui n'en donnent pas, des maîtresses qui en demandent, des dîners à dix-huit sous, des bottes percées et des portiers. Vous m'avez donné la vie, père voluptueux et cruel, je vous la rends pour n'avoir rien à vous. Je prends donc la liberté de m'asphyxier sous la tonnelle de votre jardin. Réjouissez-vous : à trois heures très-précises votre polisson de fils aura cessé de vivre. »

On va au jardin, où on le trouve à demi renversé dans une posture vaporeuse. — Quelle tête volcanique ! s'écrie le père ; et il court après un docteur, laissant Joséphin en tête-à-tête avec Canélia, sa cousine.

« Canélia. — Pauvre cousin ! Tiens, il est gentil comme cela ; on dirait qu'il dort. Si je lui faisais respirer des sels ? (*Elle va chercher un flacon.*)

Joséphin, *à part.* — Qu'il est doux de voir ainsi planer au-dessus de soi un ange à la voix de femme, une blanche vision ! Au fait, cette enfant-là n'est pas s laide qu'elle en a l'air; dans mon ardeur de fuir l'auteur de mes jours, je ne l'avais pas remarquée. Et puis, je lui ai fait un certain effet, — je le crois bien! — un beau front pâle, — de longs cheveux épars, — jeune poëte mourant!

CANÉLIA, *revenant.* — Tenez, beau cousin, respirez.

JOSÉPHIN, *feignant l'égarement.* — Euh! eh! ah!... la muse passe avec une étoile au front; elle pose ses pieds nus sur des nuages d'or... Canélia!

CANÉLIA. — Il m'appelle? Oh! pauvre jeune homme!

JOSÉPHIN. — Canélia! c'est toi que j'ai rêvée, c'est toi qui passes dans ma sombre nuit...

CANÉLIA. — Il pense à moi. Joséphin!

JOSÉPHIN. — Laisse tes beaux chevaux pleuvoir sur mon front; laisse tomber un baiser sur ma lèvre, comme une rosée sur la fleur flétrie.

CANÉLIA. — On ne peut rien refuser à un malade. Souffrez-vous encore, mon cousin!

JOSÉPHIN. — Au contraire, belle cousine; encore un baiser et j'irai à ravir.

CANÉLIA. — Si mon oncle nous voyait... Finissez! »

Joséphin ne finit pas, et l'oncle les voit; il ne sait trop, cet oncle, s'il doit se fâcher ou rire, mais sa bonté l'emporte. De son côté, Joséphin prononce en ces termes son abdication poétique :

« JOSÉPHIN. — Je renonce à Satan, à ses pompes et à mes œuvres. Je n'ai pas dîné, je n'ai pas un sou, j'aime ma cousine, et je me fais drapier, marguillier, allumeur de reverbères, s'il vous plaît. O figure symbolique de l'industrie, que tu es enchanteresse ! ô sirène fallacieuse, qui nages dans le vert-de-gris des gros sous, que tes charmes sont puissants sur un poëte à jeun !

Le père. — Mes chers enfants, je vous unis ; allons nous livrer à la joie.

Joséphin *prend un bonnet de coton des mains de son père et s'en couvre la tête.* — O sacré flambeau du genre, étouffe-toi sous l'éteignoir ! »

Cette fin a été imitée très-visiblement dans *Jérôme Paturot.*

Le même journal ayant publié *César Birotteau*, un des chefs-d'œuvre de Balzac, Édouard Ourliac eut l'honneur d'écrire pour ce roman une préface qui ne ressemble à aucune préface connue. C'est de cet épisode sans doute qu'il faut dater la liaison de ces deux hommes, qui ont plusieurs points de contact dans le talent. Lorsque Balzac fut saisi tout à coup d'une fantaisie de collaboration, principalement en vue du théâtre, il songea d'abord à Édouard Ourliac. Le deuxième acte de *Vautrin* passe pour être presque en entier de ce dernier

Les occasions de se produire ne lui manquèrent plus; il mit son nom dans la série des *Français peints par eux-mêmes*, dans la nouvelle *Caricature*, dans la *Presse*, où il imprima la *Confession de Nazarille*, œuvre assez faible, selon moi, et qui cependant souleva les susceptibilités morales des abonnés. C'est qu'Ourliac était alors plus que jamais engagé dans la voie du scepticisme. Un puissant effort sur lui-même l'en tira subitement; un premier cri de douleur s'échappa de cette jeune poitrine : il fit le volume intitulé *Suzanne*.

On a dit — et c'est l'éloge désespéré que tous les beaux romans arrachent à la critique — qu'il avait mis sa propre histoire dans *Suzanne*. Nous croyons plutôt que c'est une manière perfide de lui attribuer les traits souvent odieux dont il s'est servi pour peindre le personnage de La Reynie. Il faut avouer qu'il eût été ou bien maladroit ou bien cynique en hasardant de lui un tel portrait; son esprit de mortification, qui se développa par la suite, n'allait pas encore jusque là. Accordons qu'il est singulièrement entré pour quelques instants *dans la peau de son héros*, si nous pouvons nous servir de cette expression récente, mais n'allons pas plus loin; ce serait méconnaître de la façon la plus outrageuse les priviléges de la composition littéraire. Quand on dit que l'abbé Prévost s'est peint dans Desgrieux, George Sand dans Indiana, et Édouard Ourliac dans La Reynie, on se trompe; ne dites pas qu'ils se sont peints, dites qu'ils se sont rêvés.

Suzanne donna la vraie mesure de son auteur, dont elle dévoila tout à coup une des facultés les plus inattendues : celle des larmes.

Madame de Girardin, à propos des parades du *Journal des Enfants*, avait signalé ce talent plein d'hilarité. Balzac, dans sa *Revue parisienne* (n° du 25 août 1840), annonça *Suzanne* et la *Confession de Nazarille* en ces termes : « Je m'occuperai de M. Ourliac dans ma prochaine lettre, parce que je connais de lui des fragments pleins de comique et recommandables par une certaine puissance de dialogue. » Le numéro suivant de la *Revue* contient, en effet, le compte rendu de *Suzanne;* comme tout ce qui émane de la critique trop rare de Balzac, ce morceau est un modèle d'appréciation philosophique et grammaticale; il y indique les points de ressemblance entre *Suzanne* et *Ceci n'est pas un conte*, de Diderot, tout en rendant justice à l'intérêt poignant qui domine dans *Suzanne*.

« M. Ourliac, dit-il, a l'entente des délicatesses de la femme. On sera content d'avoir lu un volume où l'on rencontre des scènes comme celles où Suzanne ruinée, sans asile et sans pain, trouve de l'argent pour apporter des fleurs, dans deux pots de porcelaine, à la Reynie qui les casse ; comme celle où la Reynie, par un de ces éclairs de vigueur si fréquents chez les méridionaux, vient souper chez la cantatrice sans invitation, insulte les convives, compromet Suzanne, si chaste, si pure, et si belle jusque-là, et finit par devoir à cette lueur d'énergie qui simule l'amour, la récompense refusée à l'amour vrai de M. d'Haubertchamp. Ces deux scènes, entre autres, annoncent un vrai talent. Elles ne sont pas dans Diderot. »

Plus loin, M. de Balzac analyse le style d'Édouard Ourliac :

« A part quelques emmêlements dans le fil des idées, sa phrase est nette, vive, précise. M. Ourliac peut devenir un écrivain ; mais il n'a pas encore étudié le travail que demande la langue française, et dont les secrets sont surtout dans l'admirable prose de Charles Nodier. Il entasse imparfait sur imparfait pendant trois ou quatre pages, ce qui fatigue et l'œil et l'oreille et l'entendement ; quand il a trop de l'imparfait il se sert du verbe au prétérit. Il ne sait pas encore varier la forme de la phrase, il ignore les ciselures patientes que veulent les phrases incidentes et la manière de les grouper. Entre la force qui marche, à l'instar de Bossuet et de Corneille, par la seule puissance du verbe et du substantif, et le style ample, fleuri, qui donne de la valeur aux adjectifs, il y a l'écueil de la monotonie des temps du verbe. Cet écueil, M. Ourliac ne l'a même pas soupçonné. Néanmoins, il y a en lui les rudiments d'un style particulier, sans ampleur, mais suffisant. »

On voit que Balzac n'épargne pas la vérité à l'auteur de *Suzanne*. C'est que Balzac l'estimait et le traitait, non pas en père, non pas en ami, mais en confrère, c'est-à-dire presque d'égal à égal.

Subissant l'effet de ces encouragements, Ourliac ne devait plus s'arrêter dans sa transformation. Aux réminiscences religieuses qui devenaient de plus en plus fréquentes en lui, se joignirent — on ne sait par quelle succession d'idées — des aspirations légitimistes, qui se traduisirent par une étude de la Vendée et de sa chouannerie. Les buissons, qu'il interrogea avec une pieuse patience, lui racontèrent des drames héroïques, de plaintives anecdotes. *Mademoiselle de la Charnaye*, insérée dans la *Revue des Deux Mondes*, est l'expression la plus complète de cette phase; et, vraisemblablement, s'il nous eût donné beaucoup de nouvelles comparables à celle-ci pour l'émotion et la vérité, ce n'est pas au second rang, mais bien au premier, que nous aurions aujourd'hui à placer Édouard Ourliac. *Mademoiselle de la Charnaye* donne à regretter que, trop peu confiant en ses forces, il n'ait pas accordé plus de développements à ses récits; alors, nous aurions eu mieux qu'un romancier de chevalet. N'a-t-il pas voulu ou n'a-t-il pas pu? Son ambition était-elle uniquement de se créer une place isolée dans un genre où il avait l'espoir de devenir maître? S'il en fut ainsi, on ne lui refusera pas d'avoir atteint en partie son but; car de son vivant il fut le plus habile écrivain de nouvelles, à côté de Gozlan, et c'est pourquoi sans doute il ne crut pas devoir être ingrat envers une *spécialité* à laquelle il devait sa fortune littéraire.

Cette période, la plus décisive pour son talent, et employée en outre aux réflexions les plus salutaires, aux retours les plus graves (il s'était mis à la lecture de MM. de Bonald et de Maistre), peut être regardée comme la plus heureuse de sa vie. Il gagnait son pain avec sa plume, il se sentait dans une excellente voie morale, il était jeune. Bien qu'il n'eût pas trente ans, il se sentait déjà fatigué de la vie au jour le jour. On le conduisit dans la maison d'un chef de bureau au ministère de la guerre; il plut; on le savait spirituel, on le maria. Ces choses se passaient en avril 1842.

Édouard Ourliac vit s'accroître son talent dans les deux années qui suivirent son mariage. Tout en cédant encore, par intervalles, aux sollicitations des directeurs de journaux qui lui demandaient, comme à M. Galland, quelques-uns de ces contes légers qu'il contait si bien, il accorda une part plus large à la veine de sensibilité qu'il s'était ouverte. *Brigitte* et *les Garnaches*, deux œuvres étendues et dont nous parlerons plus tard, sont de cette époque.

On doit attribuer à cette recrudescence de travail le rapide développement d'une maladie des bronches qui se manifesta chez Édouard Ourliac. Cette maladie inspira de graves inquiétudes à ses amis.

Le mal d'Édouard Ourliac empirait de jour en jour. Il chercha un refuge dans la pratique de la religion catholique; ce fut un nouveau sujet d'étonnement; il laissa s'étonner, et toussant, crachant, amaigri, pâli, il prit le chemin qui monte à la rue des Postes, chez les Pères Jésuites. Là on le consola comme on put. Sur ces entrefaites, l'*Univers* lui fit des propositions de collaboration qu'il accepta. On le vit alors publiquement et courageusement brûler ce qu'il avait adoré, et relever l'étendard des doctrines du dix-septième siècle. Il ne faudrait pas croire cependant qu'une fois acquis au catholicisme militant, il abdiquât ce que nous appellerons les côtés agressifs de son talent. Au contraire, il retira de cette volte-face une verve nouvelle, qu'il mit au service d'une guerre à outrance contre son ancien parti. Nous devons à la vérité de déclarer qu'il ne put s'y défendre d'une pointe de fanatisme; ses premières adorations pour Boileau reparurent, plus exclusives que jamais. D'un autre côté, il épousait ses nouvelles amitiés avec trop de similitude dans la façon d'écrire; il prenait la brutalité pour la vigueur. Heureusement pour lui, il ne continua pas la revue littéraire et dramatique qu'il avait commencée dans l'*Univers;* il revint à ses nouvelles, qu'il inclina dorénavant dans le sens de sa conversion, sans rien leur faire perdre pour cela de leur essence incorrigiblement comique. Ce fut pour le coup qu'il « retourna l'ironie de *Candide* contre la philosophie de

Voltaire, » mot de Balzac, qui définit Ourliac.

Pour mieux travailler, un matin, il fit un petit paquet et s'en alla habiter une maisonnette dans la Touraine. Il a daté de là plusieurs lettres charmantes; quelques-unes d'entre elles trahissent d'involontaires retours vers la vie mondaine :

« Je suis entouré de belles choses à quatre ou cinq lieues de distance. J'ai visité avant-hier le château d'Azay, sur l'Indre. La vallée d'Azay est celle du *Lys dans la vallée.* Les habitants sont furieux contre l'auteur qui a trouvé leurs femmes laides. C'est une belle chose que Paris, mais je n'en persiste pas moins à croire que nous ferions bien, sur le retour, de nous en venir par ici planter nos choux avec quatre ou cinq amis sensés. La nourriture saine, le bon vin, le repos, les jardins, le loisir ont bien leur mérite. *J'ajouterai qu'il y a ici certains vins qui valent le champagne.* »

Cette lettre était adressée à un ami mondain. En voici une autre de la même époque à un ami religieux; l'esprit en est le même, il n'y a que le ton de changé — et le vin de supprimé.

« O mon cher ami! que nous pourrions vivre doucement quelque jour en pareil endroit et ensemble. Il ne me manque qu'un ami comme vous. C'est la pensée de Dieu qui console et détache de tout, et nulle part elle ne peut être plus présente. J'ai trouvé quelques livres, *de ceux que vous n'aimez guère; mais ils me servent.* Je suis ramené aux pieds du bon Dieu par Jean-Jacques et le *Vicaire savoyard*... »

Nous nous imaginons qu'à cet endroit l'ami religieux a dû légèrement froncer le sourcil. Ourliac continue :

« J'ai vu une petite annonce des *Contes.* Sachez si le libraire est content; mandez-moi aussi le peu que vous pourrez voir dans les journaux. J'attends surtout votre article... Je m'excuse de paraître si âpre à cette littérature. C'est mon gagne-pain, et que sais-je encore toutes les bonnes raisons que pourrait me souffler la vanité de mon métier misérable et tant aimé! Il faut la mettre un peu en dehors, de peur qu'elle ne nous dévore en dedans. Laissez-moi donc être un peu ridicule. Je ne le suis aux yeux de personne autant qu'aux miens propres. Je ne me lasse point d'admirer ceci : on écrit une misère qui n'est rien, qui ne vaut rien, on n'est pas content, on le dit, on le pense, mais l'on s'en inquiète, et l'on veut qu'elle soit approuvée, comme si le public était obligé d'être plus sot que vous. J'ai beau gratter la plaie, je doute qu'on la guérisse... »

C'est bien dit, c'est simple, c'est touchant. Il parlait de ses *Contes du Bocage,* qui venaient alors de paraître. Ce livre força en quelque sorte le succès par les sentiments élevés qui y dominent. Il le fit suivre de *Nouvelles diverses;* mais ce recueil qui, par sa forme enjouée, s'adressait plus directement à la foule, n'y arriva cependant point. Personne n'en parla dans la presse; il prit son parti de cette petite vengeance et s'arrangea pour que son existence littéraire n'en souffrît pas trop. Malgré ses douleurs de toute espèce, malgré la mort de sa mère, sa meilleure amie et la confidente de tous ses chagrins, — bon cœur de femme du peuple, esprit clairvoyant et droit, — il redoubla d'activité et fournit de toutes mains aux journaux. Il fut héroïque à ce moment-là, et l'on a pu dire de lui avec justesse : « Il travaillait avec ardeur, plus encore pour se distraire que pour subvenir aux nécessités assez lourdes de sa vie; plus encore pour se plaindre que pour se distraire; plus encore pour produire et pour obéir à l'impétueux instinct de sa vocation, que pour se plaindre. »

Les médecins ne savaient trop où l'envoyer. De Tours il alla au Mans; toute ville lui convenait, pourvu que ce ne fût pas Paris. Au fait, l'auteur de *Nazarille* devait aller au Mans, la ville de Ragotin, de la Rancune, de mademoiselle de l'Étoile, de tous ces types, amis et parents des siens. Mais qu'il était loin du *Roman comique* à l'heure où nous parlons !

« Me voilà établi, comme un vieux de province, dans un grand fauteuil, derrière un carreau tranquille. Je bois trois pintes de lait par jour; j'habite une rue où il n'est passé depuis ce matin qu'un homme en paletot bleu, qui semblait s'être trompé de route. Je demeure chez un professeur de l'Université, M. P., qui professe la quatrième au collége; mais *nous nous sommes montré nos chapelets,* et, le soir, j'entendais les petits enfants qui récitaient en cadence : *Mn, mn, mn, Ora pro nobis ; mn, mn, mn, Ora pro nobis.* etc.; je me suis endormi là-dessus. »

Toute cette lettre est des plus singulières, elle peint à la fois l'état de son âme et l'état de son esprit; il y parle d'épreuves à renvoyer à M. Hetzel et à la *Revue de Paris;* il a dîné avec l'évêque, un aimable et admirable homme, dit-il, qui l'a constamment appelé d'Ourillac ou d'Houriaque. Puis, le vieux caractère reprend le dessus, et voici les farces qui arrivent : il annonce qu'on va éclairer la campagne aux bougies, *spécialité du Mans.* Et finalement : « En somme, je ne vais pas mieux; je ne souffre point, ma poitrine est bonne, nulle oppression; mais je tousse, je crache, je suis faible; rien n'y fait. »

Une autre fois (on comprendra que nous le laissions raconter lui-même ses années d'adieu) il écrivait à M. Louis Veuillot, toujours de la ville du Mans :

« Je voudrais pouvoir vous dire que je vais mieux, je voudrais le croire, je le dis souvent ; mais je voudrais que ce mieux finît, car il m'assomme; mes crachement et mes enrouements ne me lâchent pas. Dix paroles détraquent mon appareil... Savez-vous que je suis tout voisin des Visitandines ? Ces bonnes sœurs m'ont accablé de prévenances et de confitures. Elles ont un sirop pectoral infaillible qu'on finira par me faire prendre, quoique je ne croie à aucun sirop, à aucune eau, à aucune tisane, mais seulement au bon régime et à la grâce de Dieu... Que vous dirai-je encore de ce benoît pays ? que j'y prends la mesure d'une retraite, sinon d'une bière. »

De ville en ville, il se traîna de la sorte jusqu'en Italie; il passa l'hiver de 1846 à Pise, mais il était condamné, il le savait, et il s'en revint. Dans les rues de Paris, on vit alors passer l'ombre d'Édouard Ourliac : un corps fiévreux, une voix éteinte. Quoique marié, il ne vivait plus qu'avec son père, un vieillard de soixante-dix ans; pour le faire vivre, il accepta une petite place dans les bureaux de la marine, car il commençait à manquer de force pour le métier littéraire. Il s'était limité à deux feuilletons par mois. Miséricorde! nous avons à peine le courage de continuer. Dans ce bureau de la marine, Édouard Ourliac restait quelquefois des heures entières sans pouvoir lever le bras. Il employa sa dernière énergie à réconcilier son père avec Dieu; grâce à ses exhortations, le vieillard, quelques jours avant sa mort, fit sa première communion. Alors, dégagé de tous devoirs envers les autres hommes, Ourliac alla demander un refuge à la maison des frères de Saint-Jean-de-Dieu, rue Plumet, où il expira saintement le 31 juillet 1848.

Chacune des phases de la vie d'Édouard Ourliac a son reflet dans sa littérature. En cela, il possède un mérite de sincérité qui fait sa force principale. Nous ne reviendrons pas sur ses diverses aptitudes : nous les avons indiquées, sinon appréciées, à leur moment et dans leurs manifestations les plus importantes ; nous préférons aller tout de suite et tout droit vers le point où paraît se déterminer sa supériorité réelle. Ce point, c'est l'étude de la vie intime en province. Là, ce qu'on a pu quelquefois reprocher d'étroit à son esprit s'ajuste et demeure harmonieusement encadré. Il a le caquet du faubourg, la connaissance des petites choses bourgeoises, la malice du clerc, et mieux qu'ailleurs cette espèce de comique qui s'attache à des personnes véritablement à plaindre, ou qui ressort d'événements fâcheux. Dans cette série, *les Garnaches* tiennent, à notre avis, la place d'honneur; le héros est ce même Nazarille, dans lequel Édouard Ourliac nous semble s'être personnifié bien plus visiblement que dans La Reynie. Il y a là des figures allongées, d'antiques maisons, de grandes armoires, des parties de campagne, des sérénades, qui sont décrites d'une souveraine façon. *Brigitte*, avec plus de sensibilité et de vraie morale, appartient au même système; mais le relief est moins puissant et le début a de la lenteur. Dans le volume des *Nouvelles diverses*, nous signalerons *l'Ingénieux Thibault*, chef-d'œuvre de cinquante pages.

On nous accuserait d'injustice si nous allions oublier, entre tant de productions, la *Physiologie de l'écolier*, le plus petit de ses livres et le plus grand de ses succès peut-être, du moins le plus unanime[1]. Nous sommes convaincu qu'un libraire ne perdrait ni sa peine ni son argent à le réimprimer. Nous croyons également qu'il y aurait les éléments d'un succès en rassemblant les épisodes de l'odyssée de Nazarille, éparpillée dans la *Revue de Paris* et dans l'*Artiste*. Ce Nazarille ne marche jamais sans un acolyte fort amusant aussi, lui, nommé Pelloquin. C'est encore un des traits caractéristiques d'Édouard Ourliac que cette préoccupation du grotesque dans les noms; de là les personnages de Lafrimbolle, de Paillenlœil, de Croquoie, de Parpignolle, de Laflèche, de Montgazon, de Ledrôle, etc., etc. Une des aventures de Nazarille a pour titre *le Souverain de Kazakaba*; elle fut, lors de son apparition, l'objet de critiques assez dures, car elle agitait à la fois

1. C'était la mode des physiologies, en 1841. Nous relevons sur le *Journal de l'imprimerie et de la librairie*, à cette date, les physiologies : — du Rat d'église, du Prédestiné, du Franc-Maçon, du Chicard, du Prêtre, du Séducteur, du Macaire des Macaires, du Bas-Bleu, du Troupier, du Député, du Débardeur, de la Femme la plus malheureuse du monde, du Poëte, du Chasseur, du Bourgeois, du Provincial, du Célibataire, de la Grisette, etc.; — du Gant, du Parapluie, de l'Argent, du Soleil, du Parterre, du Jour de l'an, du Recensement, des Champs Élysées, etc. — O folie!

des questions philosophiques, politiques et religieuses. On y voit Nazarille débarquant sur une terre sauvage, et proclamé roi par les naturels sous le nom de Las-Sou-Po-Chou. Des parallèles entre l'état de nature et l'extrême civilisation découlent de ce thème, joyeusement abordé. Les réclamations furent telles que, dans la dernière livraison du *Souverain de Kazakaba*, Édouard Ourliac se crut obligé d'ouvrir une parenthèse au milieu de son récit :

« Je vous entends, baudets soucieux. — Quoi! c'est lui qui écrit cela? peccaïré! Il a tant d'esprit d'ordinaire. Combien c'est regrettable, j'en suis tout contristé; hi han! hi han! — Encore un coup, merci! Mais quoi! mes frères, quand des milliers de faquins inondent la France de leurs inepties; quand les cochers ivres ne daignent plus charbonner les murs puisqu'ils ont sous la main le papier des gazettes; quand nous voyons en plein soleil les trésors de génie, d'esprit et d'invention que l'affreux despotisme tenait jadis sous clef; quand la sottise humaine a rompu ses écluses et déborde majestueusement sur le monde, je ne pourrai point, moi chétif, vider en un coin mon petit pot noir! Votre égout, dites-moi, en sentira-t-il plus mauvais? etc., etc. »

Quoi qu'il en soit, nous sommes forcé de convenir que *le Souverain de Kazakaba* n'est pas une des œuvres d'Ourliac qui nous plaisent le plus ; le pastiche y déborde à toutes les pages : pastiches de Cervantes, pastiche de Swift et de Foë ; la gouaillerie y est poussée jusqu'à une gaminerie souvent intolérable.

Le Collier de sequins est une de ses bonnes histoires; il y a encore un peu de La Reynie dans son personnage de Loisel, jeune homme fantasque et pauvre, issu d'une honnête famille du Roussillon, spirituel, mais facile à entraîner, sans exactitude, rêveur, et ne s'obstinant qu'à des riens. Loisel fait le diable à quatre pour offrir à celle qu'il aime un collier de sequins, tel qu'elle en a vu un sur les épaules d'une demoiselle du monde; et, à bout de moyens, il finit par le voler.

Nous sommes plus sévère que M. de Balzac, lorsqu'il affirme que la prose d'Ourliac est suffisante. Nous la trouvons, nous, négligée à l'excès, ne tenant aucun compte des répétitions de mots; et cela nous étonne d'autant plus, qu'il ne laissait passer aucune acasion d'afficher ses sympathies pour les littérateurs du dix septième siècle, pour Racine, pour La Bruyère, pour Fénelon. Ce n'était pas cependant de la sorte qu'écrivaient ces maîtres du style français : la correction, le scrupule et le perpétuel souci de l'éloquence, voilà ce qui frappe d'abord dans leurs ouvrages; d'où vient que cela n'a pas frappé Édouard Ourliac? Nous savons bien que, par son affectation de simplicité, il a voulu réagir contre les adorateurs exclusifs de la forme; mais, à son tour, il a été excessif, comme la plupart des réactionnaires, et il a franchi l'espace qui sépare la simplicité de l'insouciance absolue. Quelquefois il est réellement trop bonhomme dans son style; passe encore quand il place un récit dans la bouche d'une personne du peuple; mais quand c'est lui-même qui raconte, il perd beaucoup de cette autorité que doit toujours garder un narrateur. Telle est pourtant la force du fait et du sentiment, que ses nouvelles, bien que dépourvues de cette fleur de littérature qui est depuis plusieurs siècles notre genre de supériorité, se lisent avec un intérêt soutenu.

Sous ce rapport, il serait possible de le considérer comme le précurseur de l'école de la réalité, qui cherche à s'imposer depuis quelque temps. A l'instar des écrivains réalistes,

Ourliac réduit la description aux proportions les plus strictes et les plus naïves ; il supprime presque le portrait ou il l'enchâsse au milieu d'un incident, et ce lui est affaire d'une ligne ou deux.

Ce n'est que dans le pastiche que son style acquiert de la prestesse et de la lumière ; prenons pour modèle le début d'*Aurore et Point-du-Jour, légende de corps-de-garde :*

« Le régiment du roi était alors en garnison à Nancy, en Lorraine, la plus jolie ville de France, alignée comme un bataillon sous les armes, de bon séjour et agréable au soldat, sinon que le vin y est un peu cher. Et, de même que les grenadiers de ce régiment l'emportaient sur toute l'armée, le plus fier, le plus beau, le plus glorieux de ces grenadiers était Desœillets, dit *l'Aurore*, grand garçon du Languedoc, tenant bien du cru, hardi comme un page, brave comme un sabre, menteur comme un arracheur de dents, bel esprit, dansant bien, jouant du fifre, prévôt d'armes, tirant l'espadon, la pointe, la contre-pointe, faisant des contes à tenir un corps-de-garde éveillé toute la nuit, et en état de chanter chansons, marches, romances et complaintes d'ici à demain, sans chanter la même. »

Nous ne croyons pas qu'il soit possible de tirer un enseignement quelconque de l'existence et de l'œuvre d'Édouard Ourliac. Où le malheur passe, si précoce et si brutal, l'analyse perd la moitié de ses droits. On ne commence guère à savoir vivre et à savoir penser qu'à l'âge où il est mort. La morale et la critique seraient donc mal venues à s'armer de rigueurs élevées vis-à-vis de lui. Quelle logique demander à une carrière sitôt brisée? Fallait-il voir dans les amertumes et dans les souffrances de ses derniers jours l'expiation d'une jeunesse qui avait éveillé autour d'elle tant d'éclats de rire? nous ne le croyons pas. Fallait-il rattacher au charmant et délicat faisceau de ses nouvelles un corps de doctrines antiphilosophiques, et ériger en système ce qui ne fut chez lui que boutade passagère? ce n'en était guère la peine. Son aimable frivolité sur ce terrain nous a souvent rendu la tâche facile, et nous a permis d'éviter ces hautes et graves questions pour lesquelles nous ne nous sentons nous-même ni assez mûr ni assez préparé.

Le seul but que nous nous sommes proposé en commençant, et que nous nous estimerions heureux d'avoir atteint, c'est de ramener un instant l'attention du public vers les œuvres d'un jeune homme à qui sa trop courte existence n'a permis d'avoir que du talent, du bon sens, de la passion et de l'esprit.

FIN

TABLE

	Pages
M. DE JOUY	1
CHATEAUBRIAND	17
MADAME RÉCAMIER	89
GUIZOT	113
JULES JANIN	145
FRÉDÉRIC SOULIÉ	161
HENRY MURGER	171
GÉRARD DE NERVAL	185
LASSAILLY	227
JEAN JOURNET	263
ÉDOUARD OURLIAC	273

Imprimerie D. BARDIN, à Saint-Germain

www.ingramcontent.com/pod-product-compliance
Lightning Source LLC
LaVergne TN
LVHW011945220826
846092LV00001B/96